¿Van todos los animales al cielo?

La Biblia dice que sí

Dennis Callen

¿Van todos los animales al cielo?
La Biblia dice que sí

Primera edición: 2022

ISBN: 9781524318116
ISBN eBook: 9781524328146

© del texto:
　Dennis Callen

© Maquetación, diseño y producción editorial: 2022 EBL

All rights reserved. No part of this publication may be reproduced, distributed, or transmitted in any form or by any means, including photocopying, recording, or other electronic or mechanical methods, without the prior written permission of the Publisher.

Esta publicación contiene las opiniones y creencias del autor.
Su objetivo es proporcionar material útil e informativo sobre el tema tratado. Pretende ser una enseñanza basada en la biblia y en el consejo ministerial sobre cómo afrontar el duelo en el momento de la pérdida. Pretende ofrecer un punto de vista cristiano para ayudar a niños y adultos a lidiar con el dolor, la ira, la depresión y la culpa al pasar por estas situaciones.
El Autor y la Editorial no prestan servicios psicológicos profesionales a través de este libro. El Autor y la Editorial se eximen de cualquier responsabilidad personal o de otro tipo, que pudiera derivar de la aplicación de su contenido. Todos los versículos de la Biblia están citados de la versión King James de la Biblia.

Este libro está dedicado a

....

[Nombre de la mascota]

Especialmente para

....

[Nombre de su dueño]

Oye, ¿sigues viendo esos vídeos de gatos en internet?

Ahora relájate y disfruta de este libro.

¿De verdad crees que soy un pajarito bonito?

Yo también creo que soy bonita,
¿no es así?

Quiero agradecer a Dale y Peg Simpson su amistad y todos los ánimos y comentarios que me ofrecieron durante la creación de esta obra. También quiero dar las gracias de forma especial a la profesora Margaret Duncan de Florida por su trabajo de edición en este libro y por todas sus palabras de aliento. Y, sobre todo, quiero dar las gracias a mi mujer Margo por ser mi mejor amiga, por quererme y por creer en mí.

Introducción

¿LOS PERROS BUENOS VAN AL CIELO?

La gente pensaba que era un tonto por llorar tanto después de la muerte de mi gata Buffy. Necesitaba saber si había perdido a mi amiguita para siempre. Al ser guía espiritual e instruir en las enseñanzas de la Biblia, automáticamente venían a mi mente pasajes reconfortantes. Las escrituras ayudaron a sanar mi corazón. Estoy convencido de que las siguientes páginas de este libro están inspiradas por la divinidad y podrán ofrecerte el consuelo y la esperanza que estás buscando. Recuerdo una película animada, estrenada hace unos años, llamada *Todos los perros van al cielo*. Aunque es sólo una película, el título formula una pregunta que muchas personas se han hecho a lo largo de la historia. ¿Hay vida después de la muerte para los animales? Y, por supuesto, si los perros fueran al cielo también lo harían todos los animales. Así que, si eres del tipo de persona que ama profundamente a su mascota, probablemente también sufras profundamente por su pérdida. Si es así, este libro es para ti. Muchas personas han pasado por este trance y sufrido la misma angustia. Debes saber que no estás solo. Lo que he aprendido al pasar por esta trágica pero inevitable experiencia puede ayudarte.

He sido ministro y profesor de la Biblia durante más de cincuenta años. En los momentos de dolor y de pérdida me he dirigido a Dios en oración. Incluso mientras estaba orando, las respuestas y las escrituras comenzaron a inundar mi mente. Lo que encontré en la Palabra de Dios ayudó a recomponer mi corazón roto. Allí encontré respuestas a las preguntas que me hacía después de poner a Buffy, mi querida amiga y compañera, "a dormir". (Juan 11:11)

Desde la creación, los animales han formado parte de nuestras vidas. Ya sea para asistirnos en nuestro trabajo, en la agricultura, para ayudarnos en el transporte o para darnos el placer de su compañía, hemos aprendido a amar a los animales, más aún a los animales domésticos. De hecho, cuanto más estrechamos lazos con los animales, mientras más tiempo nos tomamos para desarrollar una comunicación sincera con nuestras mascotas, más podemos aprender sobre su personalidad y más fuertes se hacen nuestros sentimientos por ellos.

Una de las cosas más dolorosas por las que tenemos que pasar en nuestra vida, es por la pérdida de un ser querido. Cuanto más profundo es nuestro amor, más profundo es el dolor que experimentamos por la pérdida. Todo ser vivo ha sufrido la pérdida en el amor, a través de la ruptura o la separación. Incluso Dios mismo sufrió este dolor cuando se separó de su Hijo Jesús, o al sufrir la pérdida de un tercio de sus amados ángeles en la rebelión liderada por Lucifer, también conocido como el diablo o Satanás. Por ello el nombre Satanás significa "adversario".

Otra de las preguntas a las que se ha enfrentado la humanidad es la de si hay vida después de la muerte. Nuestra mayor esperanza es que después de morir, podamos reunirnos con nuestros seres queridos. La mayoría de las religiones del mundo han reflexionado sobre esta cuestión. Las revelaciones más claras sobre la vida después de la muerte provienen de las enseñanzas de Jesucristo. Tanto el Nuevo Testamento como el Antiguo Testamento nos proporcionan certezas sobre la existencia eterna de todas las criaturas de Dios, tanto de los hombres como de los animales.

En este libro se responderán a las siguientes preguntas:

- ¿Los animales, como los árboles y otras plantas, sólo tienen un propósito en este mundo, el de mantener un perfecto equilibrio ecológico?
- ¿Es la muerte un proceso "normal" en la vida?
- ¿Se sacrificó Jesucristo para salvar a la humanidad o para salvar a todas las creaciones de Dios?

Este libro también te proporcionará:

- La prueba bíblica de que hay vida después la muerte para todos los animales y que por lo tanto van al cielo.
- La prueba bíblica de que todos los animales, aves y los peces resucitarán junto con la humanidad.
- Instrucciones bíblicas sobre qué hacer en esta vida, para que puedas reunirte con tu querida mascota en la eternidad.

Además, aprenderás:

- Cómo tratar con los niños la muerte de una mascota.
- Cómo afrontar el duelo, y ayudar a sanar a nuestro corazón roto.
- Cómo dejar de sentir culpa, ira y depresión.
- Información útil para los preparativos finales y el entierro de nuestra mascota.

Debido a que este libro está basado en la Palabra de Dios, puede ser una verdadera revelación para los lectores. Alguien que esté pasando por la pérdida puede acercarse a sus enseñanzas y abrir su corazón a la esperanza. Dios es un Padre bueno y ama a toda su creación.

Cómo queremos a nuestros amigos los animales

Capítulo 1

UNA HISTORIA DE AMOR, DOLOR Y UNA NUEVA ESPERANZA

Buffy, la gata que quería gobernar la casa

Aunque he tenido varios perros y gatos de niño, Buffy fue la primera mascota que tuve en mi vida adulta. Como mi mujer y yo no teníamos hijos, Buffy se convirtió en el principal objeto de nuestro cariño. Rápidamente pasó a ser una parte importante de la familia.

Buffy y yo

La compramos en una tienda de animales en 1985. Se veía tan linda sentada en medio de la jaula con otros gatitos corriendo a su alrededor. Era muy dormilona. Podía dormirse sentada y en un momento dado se sacudía para no caerse. Tenía unas seis semanas cuando llegó a nuestro hogar.

Teníamos una idea clara de cómo debía ser la convivencia con nuestra nueva mascota y las reglas que esta debía cumplir, pero no tardamos en descubrir que Buffy no sólo era muy inteligente, sino que también tenía sus propias ideas al respecto.

¿Quién enseña a quién?

En muy poco tiempo descubrí que Buffy tenía mucha fuerza de voluntad. Intentar que hiciera lo que yo quería no iba a ser fácil. La primera vez que cogí un pequeño periódico enrollado y le di un suave golpe en el cuarto trasero para corregirla, ¡Me devolvió el golpe! ¿Qué está pasando aquí? Con voz firme le dije: "No, Buffy", y la volví a azotar. Rápidamente se dio la vuelta y volvió a golpear el papel con sus zarpas. No sabía qué hacer. Desde luego mis métodos no estaban funcionando entonces ¿Cómo podía enseñar y corregir a esta gatita?

En otra ocasión Buffy arrancó a correr por toda la casa como una loca. Margo y yo le gritábamos para que se detuviera. Sin embargo, nuestros gritos tenían el efecto contrario, Buffy actuaba de manera cada vez más desafiante. En un momento dado la gata se ocultó detrás del sofá. Margo se asomó y vio como esos grandes ojos la miraban. Con voz firme le dijo: "Buffy, ¿qué estás haciendo?". Sin dudarlo, como si entendiera nuestro idioma, Buffy sacudió la cabeza hacia la derecha, cogió la cortina con la boca y la agitó. Luego volvió a mirar a Margo retadora, como diciéndole: "esto precisamente es lo que estoy haciendo". Acto seguido, la gata saltó por encima del respaldo del sofá y echó a correr. Nos reímos mucho al conocer el fuerte temperamento y la rebeldía de nuestra mascota.

Cuando por fin logramos atraparla, la llevé al baño y la encerré a modo de castigo. Me sentí como si estuviese riñendo a una adolescente: "Chica mala, vete a tu cuarto". Pero pronto Margo se apiadó de ella. "No puedes hacer eso. No puedes encerrar a esa pobre gatita sola en el baño", me dijo. "¿Qué? ¿De qué lado estás? Buffy tiene que aprender a obedecernos", le dije. Margo me suplicó que la dejara salir. Entonces le dije: "Buffy no para de correr por toda la casa, tirando cosas de las mesas auxiliares, actuando como una gata loca, como un animal salvaje ¿Y resulta que yo soy el malo de la película?"

Sin embargo, pronto me di cuenta que no iba a ganar esta discusión. Así que fui al baño, abrí la puerta, cogí a Buffy y la abracé. Empezó a ronronear con mucho placer. Pensé que había aprendido la lección y que a partir de entonces nos haría caso. Pronto me daría cuenta que este incidente era sólo una primera batalla. Habría muchas más por librar y yo perdería la mayoría de ellas.

La siguiente lección que intenté enseñar a Buffy fue dónde debía dormir. Trajimos a casa una pequeña y bonita cama en forma de cesta para que durmiera en el suelo, a los pies de nuestra cama. Esa misma noche la pusimos en la camita y al principio pareció gustarle. No tardó en salir de la cesta ronroneando y en un visto y no visto estaba tumbaba junto a nuestras almohadas. "No, no, gatita. Debes estar en tu propia cama", le decía mientras la llevaba de vuelta a la cesta. Repetí esta operación dos o tres veces hasta que se quedó en su propia cama. Esta vez parecía que había entendido el mensaje, o eso creía yo.

Por fin Buffy nos hacía caso. Por fin había podido enseñarle algo. Esa noche dormimos muy bien. Sin embargo, a la mañana siguiente Margo se despertó con uno de los orificios de la nariz tapado. Pensó que tal vez se había resfriado durante la noche, pero cuando Margo abrió los ojos se encontró con una linda gatita mirándola a la cara y presionando su nariz con una de sus patas. Fue un momento tan lindo que me levanté y tomé algunas fotos.

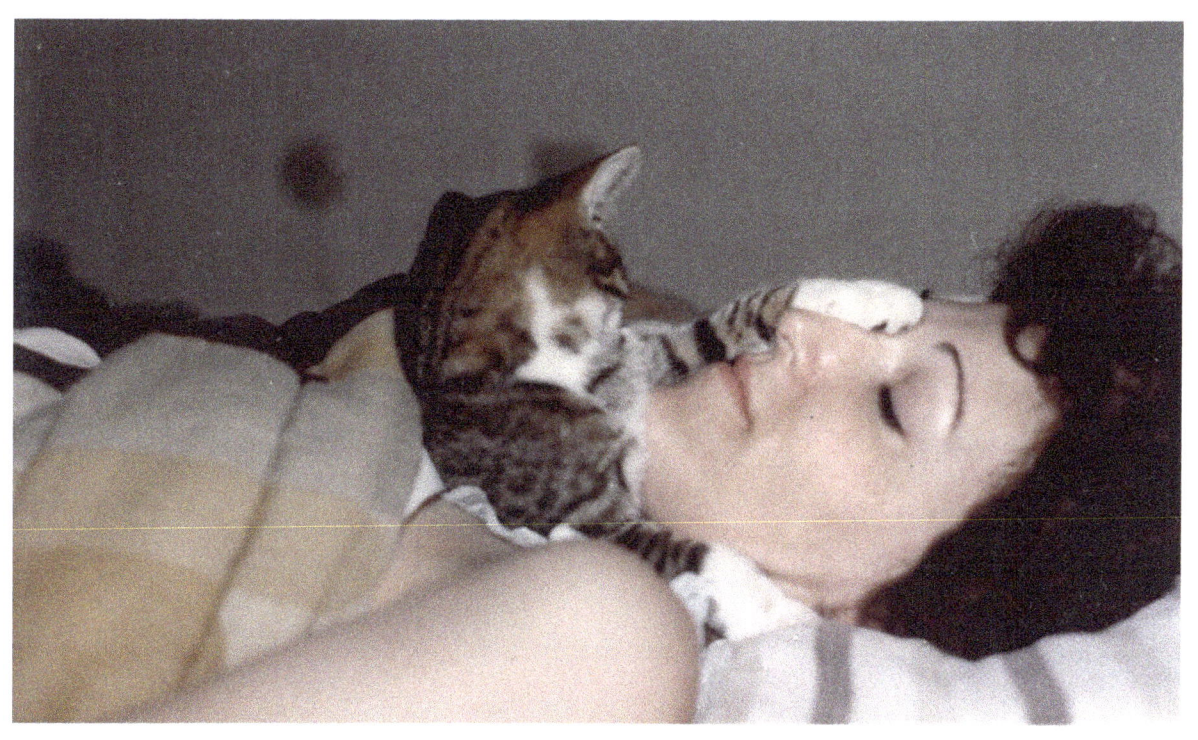

Supongo que Buffy me estaba enseñando algo. Me estaba enseñando a transigir. "Tú ganas pequeña Buffy. Te haremos un hueco", le dije. Margo hizo una pequeña almohada para Buffy y la puso en la cabecera de la cama entre nosotros. Teníamos una cama *king size*, así que teníamos espacio para todos. Por supuesto, esa no fue la última vez que Buffy ganó una batalla.

Cuando quería salir a la calle, se sentaba junto a la puerta y maullaba. Al principio se alegraba de estar fuera, sin embargo, unos minutos más tarde, comenzaba a arañar con sus garras el aluminio de la puerta mosquitera. Producía un ruido terrible, como si alguien afilara sus uñas en una pizarra. Nos obligaba entonces a abrir nuevamente la puerta para quedarse sentada en el umbral mirando hacia afuera. "Vamos Buffy, decídete, adentro o afuera. Debes decidirte, estás dejando entrar a todos los bichos", le decía. Entonces trataba de empujarla hacia fuera y ella retrocedía. Por el contrario, si amagaba con cerrar la puerta ella intentaba escaparse de nuevo a la calle. ¿Qué clase de juego era este? Me preguntaba. "Buffy, no vamos a poner una puerta para mascotas en esta casa. No podemos. Es una casa alquilada y no es nuestra", le dije. Así que la obligué a entrar para que se quedara en casa.

La puerta tenía tres cerraduras, una en la manilla, un cerrojo y una cerradura de cadena. Cerré las tres y le dije: "¡Te quedas dentro gatita!". Apenas me había alejado de la puerta cuando nuestra inteligente gatita trató de abrir los "candados" que la separaban de su libertad. Era obvio que entendía que tenía que accionar cada una de las cerraduras para salir. Si aprendía a hacerlo, no tendría que abrirle ni cerrarle la puerta todo el tiempo. Además, tendría también que aprender a cerrar la puerta.

Me sorprendió la inteligencia del animal. Fue un verdadero momento Kodak. Mi cámara estaba a mano y capturé sus esfuerzos en la película. Aprendí a tener la cámara a mano y siempre lista para usarla.

Primero intentó saltar y abrir todas las cerraduras. Cuando eso no funcionó, se subió a la mesa del fondo y trató de desbloquearlas.

Fue entonces cuando empecé a darme cuenta de lo inteligentes que Dios había hecho a estos animalitos. Cualquiera que diga que los animales son tontos probablemente no ha tenido mucha experiencia con ellos. Esta querida amiguita mía era muy inteligente. Sabía que teníamos una amiga y compañera con la que nos íbamos a divertir y a disfrutar durante mucho tiempo.

Buffy la fanática del fútbol

Otra historia interesante fue la de Buffy viendo conmigo el fútbol americano en la televisión. En un principio pensaba que simplemente la gata reaccionaba a los estímulos sonoros y visuales del aparato. Entonces acerqué su pedestal al televisor. Para mi sorpresa comenzó a interactuar con el partido. Parecía estar animando a mi equipo cuando imitaba mis reacciones.

Por ejemplo, me quejé de lo que consideraba una mala decisión de los árbitros y señalé el televisor. Ella respondió tocando el televisor.

Al principio pensé que no había ninguna conexión, sólo que era una coincidencia. Sin embargo, empezó a responder a todo lo que le decía a la televisión. Gritaba: "¡La ha cogido!" mientras se distraía con algo.

Incluso cuando oscurecía, se quedaba junto a mí mirando el partido. ¿Intentaba relacionarse conmigo y crear algún tipo de camaradería? Creo que sí.

Había demasiados detalles para ser sólo una coincidencia. Buffy y yo estábamos realmente estableciendo una conexión, una amistad.

Las mascotas son muy divertidas si te tomas un tiempo para estar con ellas y transmitirles tu amor y tu afecto.

Otra historia asombrosa

He hablado con personas de todo el país y he escuchado sus historias sobre gatos, perros, pájaros, caballos y muchos otros animales, que demuestran lo inteligentes que son y lo mucho que realmente entienden. Es simplemente increíble.

Estoy leyendo una revista que cuenta dos historias asombrosas: una sobre un perro y otra sobre un gato que salvaron la vida de sus dueños. Ambos dueños intentaron enseñar a sus mascotas a marcar el 911 en caso de una emergencia. Se dieron por vencidos y pensaron que nunca podrían enseñarle tal cosa a un animal. Entonces ocurrió una emergencia. Uno de los operadores del 911 declaró que acababa de escuchar a un perro jadeando al otro lado del teléfono, por lo que envió ayuda. En la otra llamada del gato, sólo hubo silencio, pero la policía acudió igualmente. Ambos animales habían tirado del teléfono por el auricular y habían pulsado el botón correcto de marcación rápida para llamar al 911. Es simplemente increíble.

Otra historia bastante famosa es la de un hombre que se llevó a casa una perrita del refugio de animales. Se hicieron muy amigos.

Una noche el hombre se puso muy enfermo. Con fe, había estado orando por su curación y entonces la presencia de Dios se manifestó en su habitación. La perra, que se llamaba Ginnie, comenzó a ladrar. De hecho, no paraba de hacerlo. Obviamente, vio algo que su dueño no podía ver, pero que ciertamente podía sentir en su interior. El hombre fue sanado desde ese mismo momento, pero algo inusual le sucedió a Ginnie. Desde entonces, esta perrita tenía el poder de adivinar dónde había gatos en problemas. Ladraba y ladraba hasta que su amo la dejaba salir del coche. Entonces corría, guiándolo a un contenedor de basura o a otros lugares donde estos gatos estuvieran en problemas. Había salvado a más de novecientos gatitos en apuros.

Estas historias me hacen pensar en una escritura en Hechos 2:17 donde el apóstol Pedro citó de Joel 2:28 del Antiguo Testamento: "Y sucederá en los últimos días, dice Dios, que derramaré mi Espíritu sobre toda carne". Dice toda *carne* no solo sobre los hombres.

Conocimos a otro gato cuando vivíamos en Florida. Era un gato macho abandonado que preñaba a las gatas salvajes de la zona. Le llamaba "cabezón". Su cabeza parecía muy grande, incluso para un gato macho, pero seguro que aun así las gatas salvajes le querían. Nos íbamos a mudar de nuevo a Michigan, y no podíamos llevar a "cabezón" con nosotros porque aún no teníamos un lugar donde vivir. Sin embargo, lo acogimos unos días hasta nuestra partida.

Mientras esperábamos a que la compañía eléctrica viniera a cortar la luz, Buddy, así lo bauticé, estaba debajo de una silla del patio en la que estaba sentada Margo. Cuando el hombre de la empresa Florida Power entró por la puerta, Buddy empezó a gruñir y a caminar hacia el operario. Estaba protegiendo a Margo del extraño. Margo tuvo que agacharse y acariciar al gato para tranquilizarlo. ¿Quién necesita un perro guardián cuando tienes a alguien como Buddy?

El pobre Buddy debía tener alguna enfermedad porque cuando volvimos a Florida, no pudimos encontrarlo. Sé que tenía artritis porque gemía de dolor cuando se subía a nuestro tejado para ir detrás de las gatas salvajes. Buscamos y buscamos, pero no lo encontramos por ningún lado. Preguntamos a varias personas y vecinos de la zona, pero nadie lo había visto desde hacía tiempo. Llamamos y llamamos, pero Buddy no apareció. Qué tristeza nos embargó. Al menos sé que nos estará esperando en el cielo.

Me imagino que muchos de vosotros podrían contarme también historias maravillosas de sus queridas mascotas.

Jugando con Buffy

Los animales aportan mucho a nuestras vidas. Cuando me iba a trabajar, Margo tenía una compañera para llenar las horas de soledad del día. Solía jugar al escondite con Buffy y la gata siempre se las arreglaba para encontrarla. A veces Margo se escondía en la encimera de la cocina, el único lugar en el que Buffy no la encontraba. La gata se cansaba de buscar y entonces corría a una habitación para esconderse. Margo se reía y salía en busca de Buffy. Menuda gata teníamos.

Viajando con Buffy

Desde que Buffy era muy pequeña, la llevábamos a dar un paseo semanal en el coche para que se acostumbrara a viajar con nosotros. Ella siempre nos acompañaría en todos nuestros viajes a través del país. Siempre le hacía sitio en el asiento trasero para que se metiera y durmiera.

De vez en cuando se subía al asiento delantero para llamar la atención. Iba y venía del asiento trasero al delantero. Era como entrar y salir por la puerta de casa. A veces se tumbaba en el salpicadero y hacía tonterías para hacernos reír. Inclinaba la cabeza hacia abajo y hacía un ruido parecido a un ladrido. Si llovía, jugaba con las escobillas del limpiaparabrisas. Si la radio estaba encendida, subía el volumen o cambiaba de emisora con la pata.

Buffy llamando la atención

Para hacernos reír

Ladrando para hacernos reír más

Viéndonos reír

Así es como veíamos a Buffy.

Así es como Buffy se veía a sí misma.

Mientras viajaba, Buffy nos avisaba de que necesitaba un descanso acercándose a la ventanilla y rascando. Eso significaba que quería salir. Así que nos salíamos de la carretera principal hacia el campo y la dejábamos correr un rato. Se daba un paseo y luego volvía al coche para retomar el viaje hasta algún motel en el que pasábamos la noche.

Nunca tuvimos miedo de que se escapara. Le gustaba explorar, pero también quería sentirse segura, por lo que se quedaba cerca del coche.

Sin embargo, una mañana no pudimos encontrarla. Estábamos listos para dejar el motel y ella no aparecía. Buscamos por todas partes, en el aparcamiento, en el campo de al lado, alrededor de la habitación y debajo de la cama. Simplemente se había esfumado. Finalmente, vi un cachito de cola peluda detrás de la cómoda. Obviamente nos estaba diciendo: "Estoy cansada de viajar". No obstante, teníamos que volver a la carretera. En esa ocasión Buffy tuvo que ceder a nuestras exigencias.

Siempre que hiciésemos un alto en el camino para darle un respiro, Buffy podía viajar muy bien. A veces exigía mucha atención y caricias cuando estábamos en el coche. Quería aprovechar al máximo nuestro tiempo junto a ella.

En el motel, se bajaba del coche y nos seguía hasta nuestra habitación. Cuando ya sabía qué habitación era la nuestra, dejábamos la puerta entreabierta para que pudiera salir corriendo a explorar el aparcamiento y los arbustos de alrededor. Si percibía algún tipo de peligro, volvía corriendo a nuestra habitación para ponerse a salvo.

Cada motel era diferente. A veces sólo podía explorar un aparcamiento de coches. Otras veces coincidía con algún otro animal en el motel. Esto la ponía un poco nerviosa.

De vez en cuando visitábamos un motel que tenía un atrio con un amplio jardín en el patio central. Era el motel preferido de Buffy. Tengo varias fotos en las que parece estar imitando a un gran tigre en el momento de la caza.

La comunicación entre Buffy, Margo y yo se fue afinando a medida que ella aprendía el significado de diversas palabras e inflexiones de voz. Nosotros nos acostumbramos a saber qué quería o cuál era su estado de ánimo por los sonidos que emitía o por su lenguaje corporal.

Era evidente que cuanta más atención le prestábamos, más se desarrollaba y expresaba su personalidad. Cuanto más se entrelazaban nuestras vidas, más sentíamos que formaría parte de nosotros para siempre.

Me he dado cuenta de que cualquiera que une su vida a la de un animal puede llegar a pensar que su querida mascota podrá vivir más allá de la tumba, al igual que ocurre con las personas.

Cuando Buffy murió, el dolor y la angustia fueron muy intensos. ¿Perdí a mi pequeña amiga para siempre? Me preguntaba continuamente. Tenía que saberlo, tenía que encontrar una respuesta. Mientras clamaba a Dios por mi dolor, una pequeña voz interior comenzó a consolarme. Esta voz me susurraba las sagradas escrituras. Si Él se preocupa por el gorrión cuando muere (Mateo 10:29), entonces se preocupa por todas sus criaturas. Y si se preocupa, debe haber hecho algo al respecto. Después de todo, la Biblia dice que la muerte es uno de los enemigos de Dios. El Señor nunca creó nada para que muriera.

Fue en el año 1994 cuando nos vimos obligados a "dormir" a Buffy. Fue una de nuestras decisiones más difíciles. Aunque algunos dirían que era "sólo una gata", sabéis tan bien como yo que era parte de nuestra familia y de nuestra vida. La culpa intentó varias veces condenarnos a ambos. Derramamos muchas lágrimas por su pérdida. Cuando se quiere de verdad a alguien, ya sea un ser humano o un animal, su pérdida produce gran trauma. Se pierde una fuente de amor y compañerismo, esa es la causa del profundo dolor. La forma en que vivíamos nuestras vidas se ve alterada drásticamente. No sólo es normal y saludable vivir el duelo; también es curativo. Es como dejar que el veneno salga de nuestro sistema nervioso. Alguien que nunca ha amado a un animal seguramente no lo entenderá. Pero si has perdido a una mascota, entiendo perfectamente tu dolor. Nunca te avergüences de seguir amando con todo tu corazón a una mascota que ha fallecido.

Como Margo y yo nunca tuvimos hijos, Buffy llenó ese hueco en nuestra vida. Cuando la pusimos a "dormir", fue casi como perder a un hijo. He caminado con Dios durante más de sesenta y siete años. Así que era natural que clamara a Él en busca de consuelo.

Aunque la muerte de Buffy fue muy difícil de sobrellevar, lo que aprendí de esta experiencia trajo consuelo y sanación a mi corazón. Mi deseo es que este libro te reconforte y te ofrezca esperanza para el futuro. No olvides que es ese futuro te reencontrarás no sólo con todos los que amas, también con tus queridas mascotas. Aquellos que han tenido una verdadera experiencia de "nacer de nuevo" a través de Jesucristo han experimentado muchas pruebas infalibles de la existencia de Dios Padre. Apostamos nuestras vidas a la infalibilidad de la Palabra de Dios.

En mis muchos años como cristiano, he logrado liberarme del miedo a la muerte, los accidentes, las angustias y los problemas. No estoy diciendo que no tenga de vez en cuando contratiempos o incertidumbres. Sin embargo, he vivido en carne propia tantos milagros, Dios me ha ayudado a superar tantas dificultades, que sinceramente no creo que sea una coincidencia ni un golpe de suerte.

De hecho, el 8 de agosto de 2004 estaba en la sala de urgencias de un hospital de Florida con fuertes dolores en el pecho, fue el día de mi muerte. Estuve muerto durante noventa segundos. Recuerdo muy claramente estar en el reino celestial. No tengo ninguna duda sobre las cosas que voy a compartir con ustedes.

Todas estas experiencias me han dado una confianza ciega en la Biblia, en la palabra infalible de Dios. Estoy totalmente convencido de que la vida eterna existe y está disponible para la humanidad por medio de la fe en Jesucristo. Sin embargo, cuando se trata de animales, la mayoría de los pastores y teólogos tienen poco o ningún conocimiento sobre la vida después de la muerte para esta parte de la creación. Ahora, a través de este libro, voy a mostrarles lo que encontré en la Palabra de Dios a través de la tierna guía del Espíritu Santo.

¡Roooar! ¿Puedes oírme ahora?

Incluso los animales se aburren

Capítulo 2

¿TIENEN LOS ANIMALES ESPÍRITU Y ALMA?

El primer capítulo del Génesis nos ofrece el relato de toda la creación. En el segundo capítulo, Dios nos muestra los detalles de la creación del hombre. El Génesis 2:7 dice: *"Y el Señor Dios formó al hombre del polvo de la tierra, y sopló en su nariz aliento de vida,* [en hebreo aliento y espíritu significa lo mismo] *y el hombre llegó a ser un alma viviente"*. La palabra hebrea para "alma" es [*nephesh*] y se pronuncia [*neh-fesh*].

Así, cuando Dios formó un cuerpo y le insufló vida, esa persona se convirtió en un alma viviente. Este es el patrón de toda la creación. Nuevamente el Génesis 1:21 dice: *"Y creó Dios las grandes ballenas, y todo ser viviente que se mueve, que las aguas produjeron en abundancia, según su especie, y toda ave alada según su especie; y vio Dios que era bueno."* (el subrayado es mío).

La palabra utilizada para "criatura viviente" en el párrafo anterior es *nephesh*, un alma viviente, la misma palabra utilizada en la creación del hombre. Entonces, ¿cómo se convirtió el hombre en un alma viviente? Bueno, Dios formó el cuerpo y le insufló vida. Esta vida tiene la forma de un espíritu humano. Zacarías 12:1 dice que Dios formó el espíritu del hombre en él. Cuando el espíritu es formado o hecho para encajar en un cuerpo, esa persona se convierte en un alma viviente. Lo mismo es cierto para todas las almas creadas, incluyendo a su mascota. Mientras que un espíritu no puede morir, un alma y un cuerpo sí que pueden ser destruidos.

Jesús dijo: "*No temáis a los que pueden matar el cuerpo, sino temed a aquel que puede arrojar el cuerpo y el alma al infierno*" (Mateo 10:28).

Parte de lo que hizo Jesús con su sacrificio fue redimir a nuestros cuerpos y salvar a nuestras almas. Todos los redimidos vivirán un día en un cuerpo resucitado y glorificado. Este nuevo cuerpo será muy diferente al que tienen hoy en día. Esto es cierto tanto para ti como para todo el reino animal. Lo demostraré a medida que continúes leyendo este libro.

Un espíritu existe en un reino o dimensión diferente al cuerpo físico. La mezcla de tu espíritu con tu cuerpo hace que surja un tercer elemento en ti, tu alma. Tú eres un alma, mitad física y mitad espiritual. En este sentido el Levítico 17:11 nos dice que la vida (*nephesh-alma*) está en la sangre y por eso se nos instruye a no comer la sangre.

Tu espíritu, o mente subconsciente, controla tu cuerpo a través de tu alma, que reside en la sangre. Por eso un análisis de sangre le dirá al médico todo lo que está pasando en tu cuerpo. La mitad de tu personalidad proviene de lo que heredas físicamente de tus padres y la otra mitad del espíritu que Dios creó y formó en ti.

De estas escrituras entendemos que tanto tú como los animales sois almas vivas. Tu espíritu fue formado en tu cuerpo. Si una persona pierde su alma, como enseña la Biblia, entonces esa persona pierde la capacidad de vivir en un cuerpo.

Debes tener en cuenta que el alma y el cuerpo pueden ser destruidos en el infierno, pero no el espíritu (Lucas 12:4-6). Tu espíritu es lo que te hace ser quien eres, incluso si eres un gemelo. Es lo que te convierte en un ser único y diferente a cualquier otra persona. Tu espíritu es eterno. Lo mismo ocurre en el reino animal.

Puedes observar que las escrituras enseñan que tanto el hombre como la bestia fueron creados de la misma manera. Así el Génesis 2:19 dice: "*Y el Señor Dios formó de la tierra toda bestia del campo, y toda ave del cielo*". Fueron creados igual que el hombre. Todo ser vivo tiene un espíritu, un alma y un cuerpo.

El Rey Salomón, a quien Dios le otorgó grandes revelaciones y sabiduría, entendió esto cuando escribió en Eclesiastés 3:19-21, "*Porque lo que les sucede a los hijos de los hombres les sucede a las bestias; una sola cosa les sucede; como muere uno, así muere el otro; sí, todos tienen un mismo <u>aliento</u>;* [hebreo - espíritu] *de modo que el hombre no tiene preeminencia sobre la bestia*". Luego continúa diciendo que la sustancia del cuerpo del hombre es la misma que la del cuerpo del animal: "*Todos van a un lugar; todos son del polvo, y todos vuelven al polvo otra vez*".

Sin embargo, el rey Salomón admitió su ignorancia sobre lo que ocurre con el espíritu al morir en el siguiente verso: "*¿Quién sabe [si] el espíritu del hombre se remonta a las alturas y [si] el espíritu de la bestia desciende a las profundidades de la tierra?*" La palabra [si] entre corchetes no está en la versión de King James de la Biblia, ¡pero sí que está en <u>todas las</u> versiones hebreas antiguas!

Por lo tanto, está claro que Salomón entendió que tanto el hombre como la bestia tienen un cuerpo que vuelve al polvo y un espíritu eterno que sobrevive a la muerte. No sigas sufriendo ya que ¡Tu mascota aún vive!

¿Ya nos estamos divirtiendo?

Capítulo 3

CÓMO SE CONVIRTIERON LOS ANIMALES EN CRIATURAS CAÍDAS

En todas las escrituras citadas en el capítulo anterior, es evidente que la muerte es un estado temporal. La muerte no triunfará. Todo hombre, mujer, animal, ave y criatura del mar será resucitado para la gloria de Dios. El Señor nunca pierde.

Los animales fueron creados originalmente para vivir en completa armonía con el hombre. Todos ellos nos amaban, y nosotros los amábamos a ellos.

¡Eso sí que es un abrazo de oso!

Cuando miramos atrás, en el momento de la creación, no había violencia en el reino animal. Los animales no se mataban unos a otros en aquellos tiempos. El mundo fue creado en el amor y la armonía.

Te quiero, mamá.

No existía el miedo hasta la caída en desgracia del hombre. Cuando el hombre cayó por desobediencia, la maldición cayó también sobre todo lo que estaba bajo su dominio. Los animales no eligieron pecar. Se corrompieron a través de la caída de Adán y Eva. Los animales entonces se volvieron violentos y pervertidos como el hombre. Los pensamientos y la imaginación del hombre eran continuamente malvados. (Génesis 6:5)

Un rostro que sólo una madre podría amar

Un rostro que cualquiera podría amar

Los animales no fueron creados para matarse y comerse unos a otros. La Biblia dice: *"Y a toda bestia de la tierra, y a toda ave del cielo, y a todo lo que se arrastra sobre la tierra, en la que hay vida, le he dado toda hierba verde como alimento [comida], y así fue"* (Génesis 1:30).

Si sacas a un cachorro de león de la naturaleza y lo crías en cautividad, sigue siendo un animal salvaje caído en desgracia. Sigue siendo potencialmente peligroso debido a su fuerza, tamaño y condición de caído. Pero si lo devuelves a la naturaleza, no sobrevivirá porque sus padres no le han enseñado a matar para alimentarse.

Pero en Génesis 6:1-12 se nos dice que Dios miró y vio que toda la carne de la tierra se había vuelto violenta y corrupta. Incluso hoy, los depredadores tienen que ser enseñados por sus padres a matar.

También podemos mirar hacia adelante en el tiempo, cuando llegue el momento en el que el diablo esté atado en el pozo sin fondo de los mil años. El Señor Jesucristo habrá regresado a la tierra para gobernar en paz y con gran alegría. El profeta Isaías vio venir este reino. Lo describió así:

"El lobo habitará con el cordero, el leopardo se acostará con el cabrito, el ternero y el león joven y el cebón juntos, y un niño pequeño los guiará. La vaca y la osa pacerán, sus crías se acostarán juntas, y el león comerá paja como el buey. El niño de pecho jugará junto a la madriguera de la cobra, y el destetado meterá la mano en la guarida de la víbora. No harán daño ni destruirán en todo mi santo monte, porque la tierra estará llena del conocimiento del Señor como las aguas cubren el mar". (Isaías 11:6-9)

Si el reino de mil años de Jesucristo será así, ¿te imaginas cómo será el cielo? Allí mi Buffy ya no será un "gato asustado". Nada le hará daño ni la atormentará. Creo que podré llevarla a cualquier lugar del universo. Los viajes serán ilimitados. Incluso podría tener un león como mascota. Buffy y el joven león podrían jugar juntos. Jesús dijo que en el cielo hay una mansión preparada para mí. (Juan 14:2-3)

Tendré a todas mis mascotas allí y probablemente más animales alrededor de la vieja mansión del rancho. ¿Cómo crees que será tu mansión? En ella tus mascotas nunca morirán y tú tampoco.

Qué bien lo pasaremos todos con nuestros seres queridos que ya han hecho su viaje a casa, al cielo. He disfrutado de los inventos del hombre aquí en la tierra, cosas como los coches clásicos, los aviones y los barcos. Ciertamente habrá grandes inventos en el nuevo cielo y en la nueva tierra. Nada nos lo impedirá. Todos nuestros sueños se harán realidad. No habrá más fracasos ni penas.

Otra parte del libro de Isaías afirma: *"No trabajarán en vano, ni darán a luz hijos para la molestia; porque serán los descendientes de los benditos del Señor, y su descendencia con ellos. Sucederá que antes de que llamen, yo responderé; y mientras estén hablando, yo escucharé. El lobo y el cordero se alimentarán juntos, el león comerá paja como el buey, y el polvo será el alimento de la serpiente. No harán daño ni destruirán en todo mi santo monte, dice el Señor... El que mata a un toro es como si matara a un hombre. "* (Isaías 65:23-25 y 66:3)

Una vez leí el testimonio de un hombre que había muerto y que luego fue resucitado. Habló de ir al cielo cruzando un largo túnel. Junto a él, en paralelo, había otro túnel en el que veía a todos los animales viajando hacia el cielo.

¡Aleluya! Yo estoy deseando ir. ¡Espero veros allí!

Si no crees que los animales van al cielo, puede que tengas que comparecer ante este tribunal,

O ante este tribunal, sin embargo, puede que no conozcan tu caso.

Si ha visto a este tipo, por favor llame a la policía local inmediatamente. También, tenga cuidado con su compañero de fechorías. Tiene un aspecto malvado.

Se le busca por delitos contra el mobiliario urbano.

Capítulo 4

LA REDENCIÓN DEL HOMBRE Y DE LOS ANIMALES

Un tema sobre el que la Biblia es muy clara es que la muerte es un enemigo de Dios. 1 Corintios 15:26 enfatiza: *"El último enemigo que será destruido es la muerte"*. En la creación, ¿creó Dios a los animales para que murieran? La respuesta es No. ¡Por supuesto que no! La muerte es una interrupción demoníaca temporal del plan de Dios. Jesucristo vino a detener y revertir esa "interrupción", conocida como la maldición, destruyendo al diablo y a sus obras. Hebreos 2:14 dice claramente: *"Así que, por cuanto los hijos participan de la carne y de la sangre, también él participó de lo mismo, para destruir por medio de la muerte al que tenía el imperio de la muerte, <u>esto es, al diablo</u>"* (el subrayado es mío). 1 Juan 3:8 también afirma: *"Para esto se manifestó el Hijo de Dios, para destruir <u>las obras del Diablo</u>"* (el es subrayado mío).

¿EL DIABLO DERROTÓ A DIOS AL INTRODUCIR LA MUERTE EN EL REINO ANIMAL? En absoluto. El diablo no derrotó a Dios en nada. Jesucristo derrotó y destruyó al diablo y sus obras, ¡incluso a la muerte! (1 Juan 3:8). Los que no creen que los animales van al cielo están diciendo básicamente que el diablo derrotó a Dios a todo su proceso de creación. ¡Eso nunca sucedió!

Los escépticos dirán, todo muere en este mundo. Sí, eso es cierto, pero esta guerra entre el hombre de Dios y el diablo no ha terminado todavía. Déjame decirte cómo va a terminar. Terminará en el último día con la resurrección de <u>toda la</u> creación, tanto del hombre como de los animales (Romanos 8 - explicado más adelante).

La muerte es sólo un estado temporal. Dios guarda nuestras almas con Él hasta el día de la resurrección. El Salmo 116:15 dice: *"Preciosa a los ojos del Señor es la muerte de sus santos"*. Cuando una persona ha muerto, sólo muere su cuerpo. El espíritu y el alma "pasan" a otro lugar.

Esto está escrito: *"Mientras estamos en la casa del cuerpo estamos ausentes del Señor.... Confiamos más bien en estar ausentes del cuerpo y en estar presentes con el Señor"* (2 Corintios 5:6 y 8).

El espíritu y el alma viven, esperando la resurrección. Entonces seremos liberados de la corrupción que destruye nuestros cuerpos. *"Porque, puesto que por el hombre vino la muerte, por el hombre vino también la resurrección de los muertos. Porque, así como en Adán todos mueren, así [los que están] <u>en Cristo</u> todos serán vivificados... Todos seremos transformados, en un momento, en un abrir y cerrar de ojos, con el sonido de la última trompeta; porque se tocará la trompeta, y los muertos serán resucitados incorruptibles, y nosotros seremos transformados. Porque lo corruptible se revestirá de incorrupción, y lo mortal se revestirá de inmortalidad, entonces se cumplirá la palabra que está escrita: La muerte es devorada por la victoria. Oh, muerte, ¿dónde está tu aguijón? Oh, tumba, ¿dónde está tu victoria?"* (1 Corintios 15:21-22 y 51-55) (el subrayado es mío).

Sabemos entonces que la humanidad será resucitada. Las escrituras en Daniel lo confirman: *"Algunos serán resucitados para la vida eterna, otros para la vergüenza y el desprecio eterno"*. En otra de las interpretaciones de este texto, la palabra desprecio, está cambiada por abominación eterna. Esto significa la condenación eterna en el lago de fuego (Apocalipsis 20:15).

Los animales no pueden elegir entre el bien y el mal. Sólo el hombre ha sido creado a semejanza de Dios con la capacidad de decir palabras y elegir su destino. Está escrito: *"Porque de la abundancia del corazón habla la boca. El hombre bueno del buen tesoro de su corazón saca cosas buenas, y el hombre malo del mal tesoro saca cosas malas. .... Porque por tus palabras serás justificado, y por tus palabras serás condenado"* (Mateo 12:34-35 y 37).

A los ojos de Dios los animales son inocentes. No pecaron por desobediencia y aun así cayeron de la gracia de Dios. El hombre pecó y todo lo que fue creado en la tierra quedó maldito. *"Maldita es la tierra por tu causa"* (Génesis 3:17). ¿De qué otra manera si no podría el sacrificio de un animal expiar el pecado de un hombre bajo el Antiguo Testamento? ¿Se puede utilizar la muerte de un ejemplar (un animal) como trueque a cambio de la pena de otro ejemplar completamente caído en desgracia (el hombre)? No. Los animales están caídos, pero no son un ejemplar culpable. No se les hace responsables de sus malas acciones. Se les "considera" inocentes.

En el reino del espíritu, la justicia y el juicio se logran mediante un intercambio equitativo. Está escrito: *"Ojo por ojo y diente por diente"* y *"La paga del pecado es la muerte"* (Éxodo 21:24 y Romanos 6:23). Cuando un hombre peca, la pena es la muerte, tanto física como espiritual.

Así, Dios hizo un pacto de sangre con la humanidad. El hombre podía librarse de la maldición, temporalmente, mediante el sacrificio de un animal inocente, ya que ambos procedían del polvo de la tierra. Digo "temporalmente" porque no se trata de un intercambio totalmente igualitario. El hombre no es exactamente lo mismo que un animal. Pero es de carne. Así que, por el pacto de sangre, la pena de muerte del hombre sería "suspendida" por la muerte sacrificial de un ser de carne inocente (el animal) hasta que llegara el momento en el que un hombre justo pudiera morir por un hombre injusto (un intercambio equitativo). Según el Antiguo Testamento, cuando una persona moría iba a un lugar bajo la tierra llamado paraíso. ¿Recuerdas al ladrón en la cruz con Jesús? Jesús le dijo: *"Te aseguro que hoy estarás conmigo en el paraíso"*. (Lucas 23:43)

Esto es lo que Jesucristo vino a hacer a la tierra. Sin embargo, si Él fuera tan sólo un hombre justo, sólo podría salvar o redimir a un hombre injusto. Pero, debido a que Él es el Creador, porque Dios el Padre creó todo a través de Él (Hebreos 1:2, Juan 1:3 y Colosenses 1:16), por medio de Su muerte, Él redimió a toda Su creación. Redimió a todos los animales que no tenían elección y a los hombres y mujeres que habían elegido y aceptado entrar en este pacto de sangre establecido por la sangre derramada de Jesucristo. Esto lo hacemos al arrepentirnos de nuestros pecados y al confesar y al hacer a Jesucristo el Señor de nuestras vidas (Romanos 10:9-10).

A la pregunta ¿Los animales van al cielo? Yo digo: sí, todos. Si no, en el Antiguo Testamento, cuando sacrificaban un animal a Dios, ¿cómo recibía Él algo? Si el animal sólo muere y eso es todo, ¿cómo va a ser eso entregar algo a Dios?

En Éxodo 13:11-12 el Señor dice: *"Y cuando el Señor te introduzca en la tierra de los cananeos, como te juró a ti y a tus padres, y te la entregue, <u>apartarás</u> para el Señor todo lo que abra la matriz* [vientre], (el subrayado es mío) *y todo primogénito que nazca de una bestia que tengas; los machos serán del Señor"*. La Biblia, en sus notas al pie, dice que la frase "apartar" en el original hebreo significa literalmente "hacer pasar". Por lo tanto, está diciendo literalmente que cualquier animal que es sacrificado al Señor pasa a Él. Y gracias a esto sabemos que <u>¡Va al cielo!</u>

Y ahora me pregunto ¿Es cruel sacrificar a un animal? La respuesta es No. Después del diluvio, Dios dijo al hombre que debía comer carne. *"Todo lo que se mueve será alimento para ti. Te he dado todas las cosas, incluso las hierbas verdes. Pero no comerás carne con su vida, es decir, su sangre"* (Génesis 9:3-4). Todas las naciones comen carne. Todas tienen mataderos. Lo que Dios está diciendo es que cuando maten a los animales primogénitos (para comer), ofrezcan su sangre como una acción de fe para cumplir con el pacto de sangre.

Dios personalmente no se complace en la muerte sacrificial de ningún animal. Está en las escrituras: *"En los holocaustos y en los sacrificios por el pecado no tuviste placer"* (Hebreos 10:6). Sin embargo, este sacrificio es necesario a los ojos de los justos tribunales eternos para expiar el pecado del hombre mediante el derramamiento de la sangre. *"Sin derramamiento de sangre* [alma] *no hay remisión"* (Hebreos 9:22). Un alma por un alma, este es el intercambio que indica la ley que Dios dio a Moisés.

Entonces, mediante este pacto, Dios podía perdonar los pecados del hombre, librarlo de la maldición del pecado y bendecirlo abundantemente. Este pacto, presente en el Antiguo Testamento, existió hasta que el Creador mismo vino como hombre a ofrecer su propia sangre (una renovación del pacto) como sacrificio. Dios nunca le pidió a un animal que hiciera algo que Él mismo no estuviera dispuesto a hacer. Así es; Jesucristo derramó Su sangre por toda Su creación, incluyendo a todo el reino animal.

Está escrito: *"Porque la ferviente expectativa de la criatura espera la manifestación de los hijos de Dios. Porque la criatura fue sometida a la vanidad, no voluntariamente, sino por causa de aquel que la sometió en la esperanza"* (Romanos 8:19-20 (el subrayado es mío). Esto significa que cuando el hombre cayó, toda la creación sobre la que el hombre tenía dominio cayó con él. Cayeron no por una elección o por sus acciones ("voluntariamente"), sino porque fueron puestos bajo, o sujetos a la voluntad del hombre. En este sentido, las sagradas escrituras dicen: *Porque también la criatura misma será liberada de la esclavitud de la corrupción a la libertad gloriosa de los hijos de Dios. Porque sabemos que toda la creación gime y sufre dolores hasta ahora. Y no sólo ellos, sino también nosotros, que tenemos las primicias del Espíritu,* [los que han sido salvados mediante el nuevo pacto y han recibido el Espíritu Santo de Dios], *también nosotros gemimos dentro de nosotros mismos, esperando la adopción, es decir, la redención de nuestro cuerpo"* (Romanos 8:21-23 (el subrayado es mío).

Otra escritura presente en 1 Corintios habla de la resurrección de los animales y del hombre; sin embargo, afirma claramente que la gloria del hombre no sólo será diferente, sino también mayor en la resurrección que la de los animales. Deja claro que todos los cuerpos son como semillas para la resurrección: *"Pero alguno dirá: ¿Cómo resucitan los muertos? ¿Y con qué cuerpo vienen? Necio, lo que siembras no se vivifica si no muere: Y lo que siembras, no siembras ese cuerpo que será, sino un grano desnudo, puede ser de trigo o de otro grano: Pero Dios le da un cuerpo como le place, y a cada semilla su propio cuerpo. No toda la carne es la misma carne, sino que hay una clase de carne de hombres, otra de bestias* (animales), *otra de peces y otra de aves"* (el subrayado es mío).

También sobre la resurrección las escrituras apuntan: *"Así es también la resurrección de los muertos. Se siembra en corrupción, se resucita en incorrupción; se siembra en la deshonra, se resucita en la gloria; se siembra en la debilidad, se resucita en el poder; se siembra un cuerpo natural, se resucita un cuerpo espiritual. Hay un cuerpo natural, y hay un cuerpo espiritual"* (1 Corintios 15:35-39 y 42-44).

Todos vamos a despojarnos de este cuerpo natural a cambio de ese cuerpo espiritual nuevo, poderoso, incorruptible e inmortal.

Así será la futura resurrección

Capítulo 5

PUEDES REUNIRTE CON TU MASCOTA EN EL CIELO (AQUÍ TE MOSTRAMOS CÓMO)

Leí el testimonio de una chica que falleció con su perro en un fatal accidente de coche. Fue resucitada y traída de vuelta a este mundo por la gracia de Dios. Ella dice que recuerda estar en el cielo con su perro y ver allí a todas las mascotas que había tenido.

Cuando Dios creó al hombre en la tierra, le dio el dominio sobre todos los animales. De esta forma, el mundo se convirtió en nuestro reino. Por eso tenemos un vínculo especial con los animales. Nuestra tendencia natural es la de proteger a los animales.

Se puede ver que muchas naciones aprueban leyes para proteger a los animales del maltrato y de la extinción. Antes de la caída del hombre, todos los animales probablemente amaban al hombre y querían estar cerca de él. Sin embargo, después del diluvio, Dios insertó el temor (miedo) al hombre en el instinto animal por su propia seguridad. Después del diluvio el hombre fue instruido para comer carne como alimento (Génesis 9:2-4). Sin embargo, si un animal mata a un hombre, que es a la imagen de Dios, la Biblia dice que este animal debe ser matado.

Pero hay alguna que otra excepción. El ganado, los caballos, los gatos, los perros y algunos animales no tienen este miedo al hombre. Estos animales siguen amando al hombre, siempre y cuando no sean maltratados. Los animales que convertimos en mascotas nos aman con un cariño y una devoción incondicionales. Debido a que este sentimiento es incondicional, como el amor de nuestro Padre celestial, nosotros también los amamos sin reservas con todo nuestro corazón.

Así que esto nos lleva a preguntarnos: ¿Va a dejar Dios que el diablo nos robe nuestro dominio y nuestro reino? Por supuesto que no. El diablo no va a tener éxito en ninguno de sus malignos planes. Un día, en un futuro cercano, Dios nos "dará" a todos los animales. Él los creó para estar bajo nuestro dominio. La única victoria del diablo será la de conseguir las almas de los hombres y mujeres que no decidan aceptar el plan de redención de Dios a través del sacrificio de su Hijo Jesucristo.

Sólo los hombres y las mujeres tienen la capacidad de elegir libremente su destino eterno. Nosotros recibimos la vida eterna de la mano de Dios, ya que somos creados a su imagen y semejanza. Tenemos que tener fe y propagar la palabra de Dios en voz alta, como la Biblia nos indica en el libro de Romanos y de esta manera convertir a Jesucristo en nuestro Señor y Salvador (Romanos 10:9-10).

¿Puede una persona ser buena y esperar ir al Cielo, como creen algunos? Según la Biblia, la respuesta es no. Si todo lo que tenemos que hacer para llegar al cielo es ser tan buenos como sabemos, entonces ¿Por qué Dios Padre tuvo que enviar a su Hijo a sufrir la muerte en la cruz? Desde el principio del mundo, siempre ha habido gente buena sobre la tierra. Obviamente, ser bueno no es suficiente o Jesús no habría tenido que morir por nosotros. Sin embargo, las personas que nunca han escuchado el evangelio de Jesucristo son juzgadas por un estándar diferente. Se les tomará en cuenta por aquellas obras que no violen su conciencia, y por el arrepentimiento y la culpa cuando hayan obrado mal. (Romanos 1:19-20 y 14-15).

Los judíos tenían los Diez Mandamientos mucho antes de que Jesús viniera a la tierra. ¿Podrían algunas personas simplemente guardar la ley y ser aceptadas en el Cielo? La Biblia dice que nadie ha podido cumplir con la ley de Dios. Tarde o temprano todo el mundo rompe la ley. Los santos del Antiguo Testamento hacían actos de fe mediante el sacrificio de animales. Cuando murieron fueron a un lugar llamado paraíso, justo en el centro de la tierra. Es el mismo lugar al que Jesús invitó al ladrón de la cruz cuando le dijo que estaría en el paraíso ese mismo día. Cuando Jesús resucitó se llevó al cielo a toda la gente de fe que estaba en el paraíso. Así lo dice Efesios 4:8: *"Cuando subió a lo alto, llevó cautiva la cautividad"*.

Necesitábamos desesperadamente un salvador para poder ir al cielo. Necesitábamos que alguien nos salvara de nuestras propias debilidades. Por eso, la salvación que nos ofrece Jesucristo no tiene nada que ver con las buenas obras que hagas en esta vida. Está en las escrituras: *"Porque por gracia sois salvos por medio de la fe; y esto no de vosotros, pues es don de Dios. No por obras, para que nadie se gloríe"* (Efesios 2:8-9). Tú no puedes ser lo suficientemente bueno como para ser aceptado; ni puedes ser tan malo como para ser rechazado. Las personas no se convierten en pecadores al cometer un pecado. Nacieron en el pecado por naturaleza.

La Biblia dice que fuimos "hechos pecado" por la caída de Adán (Romanos 5:19). Eso significa que no hemos tenido elección. Porque es nuestra naturaleza, no podemos evitar pecar. Por eso la biblia dice que debemos nacer de nuevo (Juan 3:3 y 7). Como conclusión, en el mundo de hoy hay tres tipos de personas que pueden terminar en el infierno: la gente buena (los pecadores), la gente mala (también pecadores), y la gente religiosa (que son pecadores igualmente). Está escrito: *"Porque todos pecaron y están expulsados de la gloria de Dios".* No basta con ser religioso, hay que creer en Dios. La Biblia dice que hasta los demonios "creen en Dios" y tiemblan (Santiago 2:19). El verdadero cristianismo no es una religión en sí misma. Es una relación personal con El Señor, y Él todavía está vivo, y Su nombre es Jesucristo. ¡Podemos tener una relación personal con Él!

Tu fe en Jesús debe ir acompañada de obediencia a sus enseñanzas. Lo leemos en Santiago 2:17-20 NVI: *"La fe por sí misma, si no va acompañada de acciones, está muerta"*. Esto significa que, porque quieres estar en la gracia del Señor, puedes vivir tu vida de manera diferente. Y sólo puedes hacerlo por el poder del Espíritu Santo que Dios te da cuando lo conviertes en tu Señor. Eso es diferente a simplemente hacer lo que algunas iglesias dicen, para tener nuestra conciencia tranquila y para sentirnos lo suficientemente religiosos como para ir al cielo. La Palabra escrita de Dios es la autoridad final. Lo que ella dice es la verdad. Tú necesitas el Espíritu Santo para convertirte en un verdadero cristiano. No puedes hacerlo simplemente por ti mismo.

Es algo parecido a lo que pasa cuando te enamoras de alguien. Tus acciones tus actos cambian para impresionar a esa persona. Ya no coqueteas con el sexo opuesto, ni intentas deslumbrarlo. Tu atención se centra ahora en complacer a tu nueva pareja.

La fe con acciones es exactamente así. Porque como dice la Biblia, ese tipo de amor por el Señor *"os librará del poder de las tinieblas y os trasladará al reino del querido Hijo de Dios"* (Colosenses 1:13).

Sin embargo, este tipo de amor no es como el que se tiene por una pareja. El amor de Dios, "Agápē", en griego significa: hacer lo que es correcto hacia el otro. Jesús dijo: "Si me amas, guarda mi palabra".

También debemos saber que no es Dios quien envía a la gente al infierno. El diablo es el responsable, es el que los lleva allí en calidad de "prisioneros de guerra" (Isaías 14:12 y 17). Van al infierno porque no han sido liberados del poder de las tinieblas (Colosenses 1:13). Es <u>nuestra decisión y elección, no la de Dios</u>.

La Biblia habla de dos infiernos. Hay uno que está en el centro de la tierra. Allí es donde Satanás lleva a sus prisioneros de guerra, hombres y mujeres que no están a salvo cuando mueren. Allí el demonio los encierra y los atormenta hasta el día del juicio final.

El otro infierno, llamado *Gehenna* en el griego original de la Biblia, es el que corresponde a la segunda muerte (Apocalipsis 20:10-15). *Gehenna* era el nombre de un valle en las afueras de Jerusalén en tiempos de Jesús. Era un basurero que ardía constantemente. Cuando Jesús se refería al infierno, ponía como ejemplo a este basurero.

Este infierno es conocido también como el lago de fuego. Después del juicio final, el diablo, todos sus ángeles, sus demonios y sus prisioneros de guerra (todas las almas perdidas) terminarán en este lago de fuego para siempre, separados de Dios y atormentados durante día y noche. (Apocalipsis 20:10). La Biblia nos dice que el infierno no fue creado originalmente como un lugar para la humanidad, así lo vemos en Mateo 25:41: *"Entonces dirá también a los de la izquierda: Apartaos de mí, malditos, al fuego eterno preparado para el diablo y sus ángeles"*.

Sin embargo, tu mascota irá al cielo porque es inocente según la Ley de Dios, en la que está contenida la ley del universo.

<u>Entonces, ¿cómo puedes reunirte con tu mascota?</u> Pues debes tomar las decisiones correctas para asegurarte de llegar al cielo. Según la Biblia, debes dejar de pecar <u>voluntariamente</u> y abrazar el arrepentimiento. Esto significa cambiar tu forma de pensar <u>y estar dispuesto</u> a cambiar tu forma de vivir. Haz partícipe al Señor de tus acciones de vida. Acepta lo que Jesucristo hizo por ti, como tu propio sacrificio ante Dios. Él murió por tus pecados para que tú no tengas que hacerlo. Pero no es algo automático. Nadie va automáticamente al cielo sólo por lo que hizo Jesucristo.

Tienes total libertad de elección. Puedes hacer lo que quieras cuando quieras. Pero para ir al cielo tienes que elegir aceptar el sacrificio de Jesucristo diciéndolo en voz alta y comprometiéndote de por vida. En la carta a los Romanos el apóstol Pablo dijo: *"Que si confiesas en <u>voz alta</u> al Señor Jesús* [Jesús como tu Señor], *y crees en tu corazón que Dios lo levantó de entre los muertos, <u>serás puesto a salvo</u>. Porque con el corazón se cree a los ojos de la justicia, y con la <u>voz</u> se confiesa para la salvación."* (Romanos 10:9-10. El subrayado es mío).

La religión en sí misma —con rituales, creencias y diversas tradiciones, que no se encuentran en la Biblia— nos hace sentir bien, nos reconforta. Tranquiliza nuestra conciencia, pero por sí sola no tiene el poder de darnos la vida eterna. Sin la presencia del Señor y de su Palabra la religión es sólo un placebo.

La mayoría de la gente en Estados Unidos de América cree que Jesucristo murió por sus pecados o que es su Salvador. Pero las escrituras lo dejan claro; por sí mismo, el sacrificio de Jesucristo no es suficiente. Santiago 2:19 dice: *"Creéis que hay un solo Dios. Hacéis bien. Hasta los demonios creen en Dios y tiemblan"*. La mayoría de la gente, aunque cree en Jesús, no lo convierte en el Señor de sus vidas. ¡La Biblia indica claramente que ese es el requisito!

¿Quieres pasar la eternidad con Dios, con tu amada mascota, con las personas que amas que llegan o ya están en el cielo y con todos los santos ángeles de Dios? Debes hacer entonces de Jesucristo el Señor de tu vida. Debes vivir como Él lo indica en las escrituras. Solo puedes hacerlo con la ayuda del Espíritu Santo. El Señor te ayudará a superar tus debilidades. Pero recuerda: no puedes hacerlo solo, no puedes hacerlo por ti mismo.

Algunos piensan que proclamar a Jesús, como el Señor de sus vidas en la iglesia o en una ceremonia religiosa es suficiente. Pero si tú vives según tu propia ley, entonces *tú* sigues siendo el señor de tu propia vida. Tu proclamación de Jesús como tu Señor es una gran mentira. Nadie recibe la vida eterna de Dios si vive en una mentira.

Esto no se trata de tener algo en lo que creer, de tener sólo una creencia religiosa, sino que se trata de una verdadera relación con nuestro amoroso Padre celestial y su Hijo, el Señor Jesucristo. Debes dedicarle tiempo a esta relación, dedicar un tiempo para acercarte y hablar con Él. Lee el Nuevo Testamento para aprender a ver las cosas como las vería Él.

Debes asegurarte de hacer lo necesario. Reza la oración que te ofrecemos al final de este capítulo y aplícala como un compromiso total de tu vida al reino de Jesucristo. De esta manera recibirás la vida eterna y comenzarás una amistad personal y una comunión directa con el Señor. Ahora mismo, Él está esperando que inicies esta relación, a que des el primer paso. Siempre ha estado preparado para ello. Cosas buenas comenzarán a suceder. No pienses que es sólo una coincidencia. Este es el camino para volver a estar con tu mascota de nuevo, y para siempre.

Recuerda que tu querida mascota estará en el cielo esperándote. Esto es lo que debes hacer ahora, en esta vida, para reunirte con tu mascota en el cielo. Sé que quieres volver a estar junto a ella y disfrutar de esos momentos mágicos llenos de compañerismo, amor y diversión que una vez tuvisteis, ¿no es así? Entonces reza la siguiente oración en voz alta. Según la Biblia, debe ser pronunciada en voz alta desde tu corazón. Debes hacerla realidad con tu voz:

Querido Padre celestial, perdóname todos mis pecados. Ayúdame a cambiar y a apartarme del pecado. No puedo hacerlo solo. Lléname con tu Espíritu Santo y conviérteme en un vencedor. Creo que Tú resucitaste a Jesucristo de entre los muertos. Creo que Él está vivo hoy. Encomiendo mi vida a Él y lo hago el Señor de mi existencia.

Por Tu Palabra, siente que he sido salvado. Gracias Padre por perdonarme. Gracias Señor Jesús por amarme lo suficiente como para sufrir y morir en la cruz. Gracias por redimir a toda la creación, incluyendo a mi querida mascota. Te pido que _____

[Nombre de su mascota]

Esté(n) conmigo y sea(n) mi(s) amigo(s) y compañero(s) por toda la eternidad. Confesaré abiertamente desde este día que soy un cristiano salvado por la sangre derramada de Jesucristo. Yo ahora creo y lo hago en el nombre de Jesús. ¡AMÉN!

Rellene como recuerdo de este acto de fe

Hice esta oración para ser lo que la Biblia llama un "nacido de nuevo" o "salvado" el _____ de 20 . Creo, según lo leído en este libro, que pasaré la eternidad con mi amado _____ .

[Escriba aquí el nombre de su mascota]

Bienvenido a la familia de Dios. Ahora has "nacido de nuevo" o "nacido de lo alto" (Juan 3:3 y 7). Ahora es crucial que encuentres a otros cristianos con los que entablar amistad. El compañerismo cristiano es la forma en que nos ayudamos y nos fortalecemos mutuamente. Yo nunca habría sobrevivido en mi camino cristiano sin otros compañeros a mi alrededor. La iglesia es el lugar idóneo para hacer nuevos amigos cristianos. De una forma u otra, todo el mundo ha recibido la salvación eterna al rezar o al confesar una oración similar a ésta.

Ahora, el Señor Jesús comenzará a revelarse en ti a través de la lectura del Nuevo Testamento, respondiendo a tus oraciones y comunicándose contigo a través de los sucesos milagrosos que ocurran en tu vida. Como ministro y autor de esta obra, ¡Estaré orando por ti!

Comer demasiado en Acción de Gracias puede dar mucho sueño.

Demasiado bonito

Capítulo 6

AYUDAR A LOS NIÑOS A LIDIAR CON LA MUERTE

Los animales domésticos pueden ser tan juguetones, divertidos e infantiles que se convierten en compañeros de juego perfectos para los niños. A menudo se desarrolla una relación de tipo fraternal. El animal siempre está ahí para el niño, se convierte en un amigo y en un compañero de confianza capaz de amar de forma incondicional. Por muy mal que se porte el niño, la amistad del animal es inquebrantable. Se forma entre ambos vínculos edificantes y reconfortantes. El niño puede compartir todos sus sentimientos con este querido amigo, sin miedo al rechazo. Cada día esta amistad especial se va haciendo más fuerte. Además, cuando un niño asume la responsabilidad de cuidar de su mascota, el sentimiento de liderazgo y responsabilidad puede ayudar a aumentar su autoestima. ¡Qué bien que se lo pasan los niños jugando con sus mascotas! Este vínculo crea una paz interior que dura incluso hasta la edad adulta.

Tanto los niños como los adultos anhelamos el afecto y la aceptación total que nos proporciona una mascota. Todos queremos que nos quieran y que nos necesiten. Una mascota suele ser bastante leal y permanecerá cerca de un niño incluso cuando este esté castigado, enfermo o enfadado. Esto aporta una sensación de seguridad a la vida del niño, cubriendo una necesidad básica para todo ser humano. Igualmente, le imprimirá dinamismo a la personalidad del joven. Sin duda, el tener una mascota, les ayuda a tener confianza en sí mismos durante muchos años.

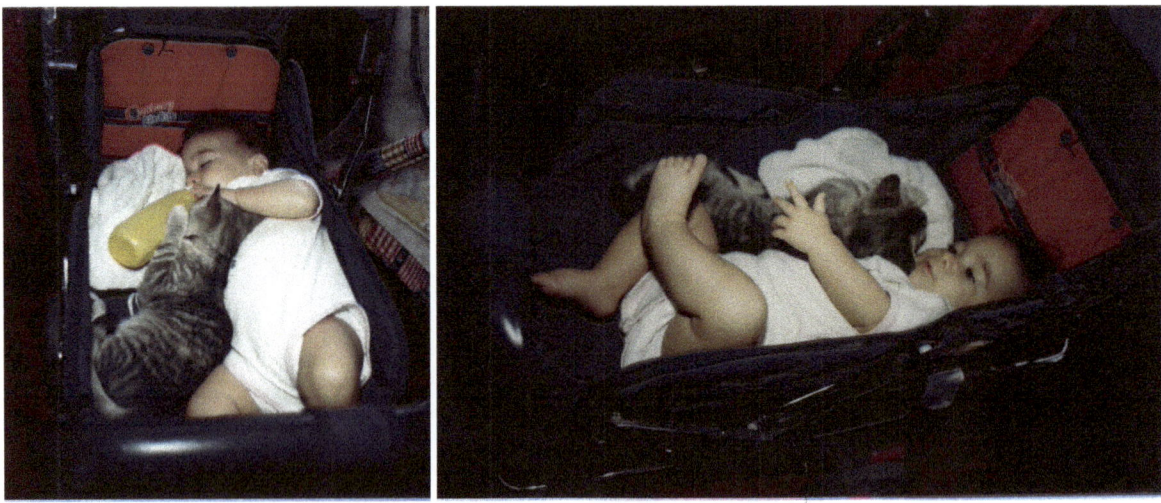

Aprendiendo a compartir desde una edad temprana.

En consecuencia, la muerte de una mascota puede ser extremadamente dolorosa, no sólo para un niño sino también para un adulto. Dado que la vida está llena de pérdidas, decepciones y sinsabores, es muy importante, a cualquier edad, obtener respuestas satisfactorias a nuestras preguntas.

Desde un punto de vista bíblico, hay respuestas a todas las preguntas de la vida. Sin embargo, a veces es difícil encontrar a una persona con la sabiduría y el entendimiento suficientes para darnos la respuesta correcta a algunas de las preguntas más difíciles de la vida.

La principal razón por la que la mayoría de los adultos tienen dificultades para explicar la muerte a sus hijos es porque ellos mismos no la entienden. ¿Por qué tiene alguien que morir? Los padres intentan explicar la muerte como una parte natural de la vida. La mayoría de las personas aceptan que esto es cierto, aunque algo en nuestro interior no está satisfecho con esa respuesta. Sabemos que no hay nada que podamos hacer para evitarla. Sin embargo, permítanme asegurarles que la muerte no es normal ni natural. Dios no hizo sus creaciones para que estas terminaran muriendo. La muerte es una brecha en el plan de Dios para la vida. Aunque forma parte de la existencia humana desde Adán y Eva, es temporal y Dios tiene la solución.

Antes de poder dar una explicación que sea sencilla y fácil de entender para un niño, tenemos que entenderla nosotros mismos. Cuando Adán y Eva cayeron en el pecado, se separaron de Dios, que es la fuente de la que emana la vida. Sus cuerpos se volvieron defectuosos e incapaces de albergar la vida eterna. Sus cuerpos debían ser reemplazados. Para ello Dios ha planeado y preparado un tiempo en el que recibiremos nuevos cuerpos eternos. Hasta entonces, todos los animales y los cristianos esperarán en el cielo a que llegue el día. En este sentido la Biblia dice que Jesucristo *"transformará nuestro cuerpo vil, para que sea semejante a su cuerpo glorioso* [Su cuerpo resucitado]" (Filipenses 3:21).

Los niños se caracterizan por ser muy confiados. Aceptarán casi cualquier cosa, si esta se les presenta de forma sencilla, casi contada como un cuento. Recuerda que los pequeños de la casa creen que sus padres tienen todas las respuestas. Ellos creerán todo lo que les digas. Nunca se debe mentir a los niños sobre cosas relacionadas con la muerte. Es un instinto natural tratar de proteger a los niños para que no se enfrenten a esta parte dolorosa y angustiosa de la vida. Muchas veces los niños sienten que no confiamos plenamente en ellos cuando intentamos protegerlos de esta manera. Es importante no trivializar el dolor de un niño como estrategia para aliviarlo. Esto puede hacer que se sientan culpables por el duelo. Suprimir ese sentimiento podría conducir a la ansiedad y a la ira reprimida más adelante en la edad adulta.

Por ello debes conversar con tus hijos. Pregúntales cómo se sienten. A su vez si les facilitas las respuestas a sus preguntas, ellos empezarán a abrirse y a hablar de cómo se sienten. Lo más habitual es que los niños hagan preguntas como "¿Por qué murió mi mascota? ¿A dónde fue? ¿Es feliz? ¿Podré volver a verlo? ¿Está mi mascota en el cielo? «. Los conocimientos adquiridos en este libro te permitirán dar esperanza y consuelo a cualquier niño.

Un ejemplo de lo que podrías compartir con los niños sobre la muerte podría ser lo siguiente:

En el principio de los tiempos, el hombre estaba cerca de Dios. Sin embargo, el primer hombre y la primera mujer que fueron creados por Dios, lo desobedecieron. Cuando le fallaron a Dios, sus cuerpos se fueron debilitando hasta el punto de que finalmente murieron. Esa debilidad afectó a todos los seres vivos, incluidos los animales.

Entonces, cuando el cuerpo de tu mascota se deteriore o se vaya desgastando, esta lo abandonará y se irá al cielo. Allí esperará hasta el momento en el que Dios nos dará nuestros nuevos y perfectos cuerpos. Estos cuerpos que recibiremos por la gracia divina no pueden desgastarse, ni volverse defectuosos, serán eternos. Hasta entonces tu mascota se divertirá mucho en el cielo. Cuando vayamos al cielo estará allí esperándonos. Entonces podremos jugar y divertirnos juntos de nuevo.

Esta historia, basada en las enseñanzas de la Biblia, también puede contarse a un niño cuando muere un familiar o un amigo cercano. Debes intentar que los niños hablen de sus sentimientos. Pregúntales si entienden la historia. Puede que se pregunten por qué lloramos cuando alguien muere si se está divirtiendo en el cielo. En este punto les explicaremos que la razón por la que lloramos es porque echaremos de menos a nuestros seres queridos mientras no estén. La muerte de una mascota es muy difícil de afrontar incluso para un adulto equilibrado. Los niños necesitan sufrir algún duelo para poder liberar el dolor. Entonces podrán alcanzar la paz con el tiempo y superar el duelo.

En este breve capítulo no es posible tratar todos los problemas pertinentes que se plantean en los momentos del duelo. La madurez del niño entra mucho en juego cuando se trata de afrontar la muerte. Este capítulo no pretende en modo alguno ser exhaustivo. Su propósito es ayudarte con algunas ideas como punto de partida para consolar a tus hijos. Si tu hijo ve tus lágrimas, sabrá que no está solo en su dolor. Además, expresando tus sentimientos puedes ayudar a los niños a sensibilizarse con los sentimientos de los demás. La muerte de una mascota puede asustar a algunos niños pequeños. Tu compasión y tu cariño le ayudarán a sobrellevar la situación ahora y más adelante, cuando tengan que soportar la muerte de algún ser querido.

Recuerda que tus hijos te admiran y te respetan como autoridad en sus vidas. Sé siempre un buen modelo, un modelo que ellos puedan seguir. Comparte con ellos tu experiencia y tus sentimientos, teniendo en cuenta que eres el ejemplo de cómo deben comportarse.

Intenta evitar, al hablar con tus hijos, el error de utilizar un cliché que pueda confundirles o crearles una impresión equivocada de la situación. Algunos ejemplos de malas afirmaciones podrían ser los siguientes:

1 "Dios necesitaba una buena mascota, así que se la llevó al cielo para que estuviera con Él". Esta es una imagen errónea de Dios como el que se lleva a nuestros seres queridos lejos de nosotros. Las Escrituras son claras al decir que el diablo es el que usa el poder de la muerte (Hebreos 2:14).

2 "Tu mascota tuvo que ser sacrificada". Esto puede asustar a un niño. En algunas películas oímos la afirmación: "Sacrifíquenlo". Esto suele referirse a un asesinato o a un ataque contra

alguien. Los niños aprenden mucho de la televisión. A veces no nos damos cuenta de la dura imagen que estas palabras han dibujado en su mente. Puedes decir algo como: "El cuerpo de tu mascota está dormido en este mundo, pero está vivo en el cielo".

3 "Tu mascota acaba de morir porque estaba enferma". Un niño muy pequeño podría tener miedo cuando mamá o papá enfermasen, al pensar que ellos también podrían morir. Se puede usar una buena explicación, como la historia mencionada anteriormente sobre el desgaste del cuerpo y que a veces se debilita por la enfermedad.

Cuando un niño entiende que el sufrimiento y la enfermedad son muy difíciles para un animal, puede ser capaz de comprender la eutanasia como una forma misericordiosa de enviar a una mascota a las alegrías del cielo. Allí, el Señor, que también los ama, cuidará de ellos por nosotros hasta que sea nuestro turno de entrar en el cielo. Recuerda que en Éxodo 13:12 se dice que estás haciendo que el animal *"pase al Señor"*.

Venid todos, ¿me oís?

¿Ya es de día?

Todos los gatos actúan básicamente igual

Capítulo 7

Culpa, ira y depresión

"Feliz el que no se condena a sí mismo..."
(Romanos 14:22)

**Estos somos Margo y yo
hace unos años,
en realidad, hace muchos años.**

Permitir la eutanasia es una de las decisiones más difíciles que se pueden tomar, sin embargo, a menudo es la elección correcta. A diferencia de los humanos, los animales no pueden aliviar su dolor hablando de su sufrimiento con un amigo o un ser querido. Cuando una mascota está enferma y sufre y no se puede hacer nada por ella, se vive una situación extremadamente frustrante y dolorosa. Permíteme asegurarte que el fármaco utilizado en la eutanasia por los veterinarios no causa dolor alguno. Simplemente hace que todas las funciones del cuerpo cesen inmediatamente al tiempo que tu mascota pasa al reino del Señor. Cuando esto sucede, todos pasamos por un proceso llamado afrontamiento, cuya primera etapa es la negación.

La negación es el mecanismo de defensa que utilizamos para retrasar una realidad que es abrumadora. Es una estrategia psicológica para resistir el dolor de una situación límite que debemos afrontar. A menudo, los dueños de mascotas tienen dificultades para aceptar la noticia de la muerte de su querido compañero animal, más aún si esta noticia viene de boca de un tercero. Las personas que no presencian la muerte de su mascota, muchas veces intentan escapar de la realidad por medio de la negación. Produce un shock el ser informado por parte de un tercero del final de una relación tan íntima y personal. Es posible que, al no estar presentes en el momento de la muerte, estas personas se sientan privadas de la oportunidad de consolar y de despedirse de su mascota. Esto es completamente comprensible.

Después de la fase de negación, empezamos a aceptar lo que ha sucedido. Entonces buscamos a alguien a quien culpar. Tarde o temprano acabamos culpándonos a nosotros mismos. Esto nos conduce al sentimiento de culpa y a la condena. "Si le hubiera llevado antes al veterinario" o "Nunca debí aceptar la operación" son pensamientos de autocondena.

Esto es natural. Tienes una herida importante que necesita ser curada. Por favor, comprende que la autocondena no curará la herida ni subsanará ningún error cometido. Tampoco te ayudará a sanar el hecho de culpar y/o condenar a otra persona.

Tu grave herida necesita ser curada. Tienes que conseguir limpiar la herida antes de que pueda sanar ¿Qué significa eso? Pues llorar y decir "lo siento" en voz alta a tu mascota te ayudará a limpiar tu herida. Si sientes que cometiste un error que causó la muerte de tu mascota, necesitas el perdón, antes de sentir el alivio. Recuerda que ahora tu mascota se está divirtiendo y tiene una gran vida en el cielo.

Dos días después de perder a mi Buffy, estaba en Centroamérica en un viaje de negocios. Me pasé gran parte del tiempo en mi habitación de hotel llorando y diciendo: "Buffy siento haber tenido que sacrificarte". Lo dije varias veces, una y otra vez.

Agradezco a Dios que después de un tiempo de duelo me ofreció la revelación en la que se basa este libro. Sin embargo, todavía tardó muchos meses en sanar mi corazón. Pensé en Buffy todos los días durante unos dos años. Aunque sé que ella es feliz esperándome en el cielo, me tomó un tiempo sanar.

Permítete tiempo para sanar. Permítete tiempo para hacer el duelo, pero no dejes que el diablo te tome ventaja. No caigas en la trampa de la autocondena, y no permitas que el duelo controle tus emociones.

Llega un momento en el que tienes que permanecer en la fe sabiendo que tu querida mascota está en el cielo y está llena de paz y de alegría. No escuches las dudas que puedan surgir en tu mente y en tu corazón. Tienes que creer en la Biblia y esperar el momento en que tendrás la misma paz y alegría cuando vayas al cielo. Tienes suficientes enseñanzas bíblicas en este libro como para tener la seguridad de que habrá una reunión con tu mascota en el futuro. Jesús sufrió terriblemente para que este hecho sea una realidad para ti. Dale las gracias por ello. Eso acelerará tu curación y multiplicará tu fe en la bondad de Dios.

El libro de Filipenses dice que pienses en las cosas agradables, verdaderas, en aquellas cosas que te hagan sentir bien. El diablo quiere que pienses en lo negativo y en lo que te hace daño. No debes dejar que esos pensamientos permanezcan en tu mente. Lo que es pasado, pasado está. Estos pensamientos negativos te pueden llevar a la tentación de enfadarte contigo mismo o con los que te rodean.

Este sentimiento puede expresarse como ira, rabia o frustración. Pero lo interesante es que suele tener su origen en el miedo. Y muchas personas se sorprenden cuando escuchan esto. Sin embargo, es cierto. La ira en realidad se expresa al perder el control. Queremos tomar las riendas de nuestra vida y hacer que los demás nos obedezcan. Cuando alguien no hace las cosas como nosotros queremos, nos enfadamos.

Cuando alguien debe enfrentarse a la muerte de un ser querido, en ocasiones la primera reacción es de enfado. Desde luego nadie quiere perder a un ser querido. Entonces normalmente liberamos nuestra ira afectando a quien esté más cerca de nosotros. En última instancia, esta ira se dirige a Dios. Lo culpamos. "¿Por qué has tenido que tomar esta vida?" "¡Te odio por eso!" Este tipo de súplica es muy común en una persona que tiene el corazón roto. La gente piensa que Dios tiene el control total y que podría haber intervenido si hubiera querido. Esta reacción muchas veces es la única forma que conocemos para expresar el dolor.

Sin embargo, como ya hemos visto Dios no es el autor de la muerte, sino el diablo (Hebreos 2:14). Además, en el jardín del Edén, Dios renunció al control total al dar el dominio de la tierra al hombre. El diablo, en el momento de la caída de la humanidad, se convirtió en un malvado bandido, que sólo está motivado por el mal para robar, matar y destruir (Juan 10:10). Nuestra ira se dirige finalmente a Dios, Aquel que "pensamos" que podría haber evitado todo.

Si no cambias tu forma de pensar, esto podría causarte problemas más adelante. Este enojo te podría conducir a la enfermedad y al deterioro de tu sistema inmunológico. Cuando esto ocurra, probablemente pensarás que Dios te está castigando, lo cual no es cierto. Entender que la vida no es justa requiere madurez, y eventualmente esa comprensión conducirá a una revelación interior.

Pero, por tu propio bien, es importante dejar de lado la ira. No hay ningún beneficio en seguir enfadado. Si otra persona fue responsable de la muerte de un ser querido o una mascota, debes aprender a perdonar.

Esto puede parecer casi imposible, sin embargo, es por tu propio bien. Es la única manera de liberar el dolor para que tu corazón pueda empezar a sanar. De lo contrario, mantendrás viva la herida repasándola una y otra vez. Debes perdonar y dejarlo ir.

Perdonar <u>no</u> es justificar los errores que se hayan podido cometer. Cuando Dios te perdonó por todos tus pecados, nunca los justificó. Simplemente te perdonó. Hay un viejo dicho: "Errar es humano, pero perdonar es divino". Perdona, aunque no te lo pidan. Jesús murió por tus pecados mucho antes de que le pidieras perdón.

Recuerda que la muerte es sólo temporal. No es la última palabra. Este punto es importante. Además, Jesús dijo que, si no perdonas a otros, Dios no te perdonará tus pecados (Marcos 11:25-26). Jesús dijo que, si no perdonas, tu Padre celestial te entregará al verdugo (el demonio) para que te acose, atormente y destruya (Mateo 18:34-35). Si no perdonas, ya no tendrás vida eterna (I Juan 3:15).

El Espíritu Santo misericordioso que nos da la vida eterna no puede vivir en una persona que no perdona. Así que, <u>por tu propio bien</u>, perdona y deja que la amargura se vaya. Además, debes perdonarte a ti mismo. (No dejes de leer más adelante el testimonio titulado "Una visita angélica").

El enfado es también un mecanismo de defensa. Cuando alguien nos agrede verbalmente o de otro modo, nos asustamos o nos enfadamos. Es el instinto natural de lucha o huida.

Si otra persona parece ser insensible a nuestra pérdida, eso duele y puede producir un enfado. No pierdas los estribos en estas situaciones, tampoco alimentes tu dolor. No todo el mundo tiene sabiduría, compasión o comprensión ante estas situaciones. Si es posible, aléjate de esas personas durante tu tiempo de duelo. Si vives con esa persona que se muestra insensible, puede ser un problema. No obstante, protege tu corazón de esas personas y evita pensar en su poco tacto. No dejes que te molesten. Por supuesto, sé que es más fácil decirlo que hacerlo, pero puedes intentarlo. De lo contrario, esto podría llevarte a la depresión. Lo más probable es que pierdas tu fuerza interior si dejas que estos pequeños detalles se conviertan en un mundo inabarcable.

Cuando alguien no es capaz de perdonarse a sí mismo, abre la puerta al fracaso y a la enfermedad física y mental. Esta es la raíz de muchas enfermedades. Lo podríamos llamar auto-rechazo. No puedes tener paz interior si no te aceptas a ti mismo con todos tus defectos y errores. Ya lo dice el dicho: "*Una casa dividida contra* sí misma no puede sostenerse". Tienes que perdonarte si tomas la difícil decisión de poner "a dormir" a tu querida mascota. Sabes que realmente tienes un buen corazón, pero como el resto de nosotros, probablemente has cometido errores que desearías no haber hecho nunca. Sí, yo también. Deja el pasado atrás y decídete a seguir adelante. Una cosa buena del pasado es que es *pasado*. Gracias a Dios. Por favor, sé amable contigo mismo. Trátate a ti mismo de la misma manera que tratarías a otra persona a la que estimas como un amigo. Date la oportunidad de perdonarte.

La mayoría de la gente es más dura consigo misma que con las demás personas. Esto es una doble moral. Te aseguro que a Dios no le gusta nada eso. El diablo es llamado el delator de los hermanos (Apocalipsis 12:10). ¿De qué lado estás tú? No puedes estar en contra de ti mismo y ser feliz. No puedes ser implacable contigo mismo y recibir la gracia de Dios. No sé cómo enfatizarlo o decirlo de forma más clara. La Biblia dice en Mateo 18:34-35 *"Si no perdonáis de corazón a todo el que os haya ofendido, tampoco os perdonará vuestro padre celestial"*. También dice que Él te entregará a los verdugos (los demonios). Perdonarse a sí mismo no es una excepción, no dejes que estos verdugos (demonios) se acerquen a tu corazón. Mucha gente piensa que ser duro consigo mismo, es sinónimo de humildad. No es así. Más bien, muestra una falta de fe en el poder sanador de la sangre de Jesucristo. No puedo decirte el número de personas que están enfermas debido al auto-rechazo o a no perdonarse a sí mismos cuando cometen errores o hacen algo mal. Lo sé. Yo mismo he pasado por eso muchas veces.

Una cita interesante presente en las escrituras dice que la condenación no viene del diablo sino de nuestro propio corazón. Es nuestra propia conciencia, que ha sido contaminada por la caída del hombre, la que nos condena. *"¿Tienes fe? Tenla para ti mismo ante Dios. Dichoso el que no se condena a sí mismo."* (Romanos 14:22).

Si tienes un corazón condenado, no sólo te condenarás a ti mismo, sino que también condenarás a todos los demás. A través de Jesucristo ha sido realizada la justicia de Dios sobre la tierra. Justicia es una antigua palabra inglesa que significa "rectitud". Eso significa que a la vista de Dios las cosas que haces por fe son correctas. Cualquier cosa que hagas por fe será lavada por la sangre de Jesús ya que estás caminando en su amor y en su luz.

1 Juan 1:7 dice: *"Pero si andamos en la luz, como él está en la luz, tenemos comunión unos con otros,* [andar en la luz significa que perdonas a todos y te mantienes en comunión con ellos] *y la sangre de Jesucristo su Hijo nos limpia de todo pecado"*. Mientras perdones a todos, incluyéndote a ti mismo, todos los pecados, cualesquiera que sean, estos son lavados diariamente. Estás limpio y puro ante Dios. En el capítulo 3 de 1 Juan, se habla de esto *"si nuestros corazones nos condenan Dios es mayor que nuestros corazones"*. Eso no significa que Dios nos condene más que nuestros corazones. Jesús se llama a sí mismo el Sanador de los quebrantados de corazón. Aunque ignoremos la necesidad de perdonarnos a nosotros mismos, no podremos ocultarlo ante Dios. 1 Timoteo 1:9 dice: *"Sabiendo esto: que la ley no está hecha para un justo"*. Tú eres la justicia de Dios en Cristo. Deja de ponerte bajo tus propias leyes o de hacer promesas que desearías poder cumplir pero que realmente no puedes. Sé amable contigo mismo y perdónate.

Si no crees que mereces lo mejor o que eres una persona digna, independientemente de tu fe en Dios y en Su Palabra, no recibirás. Tu propio corazón saboteará cualquier esfuerzo por tener éxito y vivir en el milagro de Jesús.

Es importante como te ves a ti mismo.

Tengo un amigo llamado Tom al que le encanta jugar al golf. Tiene más de sesenta años. Él y sus amigos compiten por dinero para darle un poco más de emoción al juego. Tom es tan bueno que gana muy a menudo. Un día, iba de primero al llegar al último hoyo. Se equivocó tantas veces en el hoyo 18 que al final perdió la partida. Cuando se quedó solo en el coche de camino a casa, empezó a descargar su ira. Se gritó y se maldijo a sí mismo por haber perdido el premio de 100 dólares para el ganador. ¿Adivina qué hizo en la siguiente partida de golf? Empezó a ganar, pero se equivocó en los últimos cuatro hoyos. Volvió a perder.

Entonces un día le pregunté: "Si enseñaras a alguien a jugar al golf y le gritaras así cuando se equivoca, ¿en qué clase de golfista crees que se convertiría?". Me dijo: "Nunca se convertiría en un buen golfista. No tendrían ninguna confianza porque la habría destruido yo toda". Le dije: "Siempre meterás la pata porque eres demasiado duro contigo mismo. Te has convertido en tu peor enemigo. Tus palabras son muy duras amigo". Esto entronca con lo que dice Santiago 1:26 asegurando que, si una persona no refrena su lengua, *engañará a su propio corazón*. De forma inconsciente sabotearás constante tus propios esfuerzos para tener éxito.

Animé a Tom a hablar consigo mismo como lo haría con un profesional con talento. Le dije: "Tom habla contigo mismo y di algo como: bueno, hoy has tenido un mal día. Todo el mundo tiene uno de esos días de vez en cuando. Pero sabes que eres mejor que eso. Tu rendimiento anterior demuestra el talento que realmente tienes. No te desanimes ni pierdas la concentración. La próxima vez estarás relajado y vencerás a todos."

He sido mentor espiritual de Tom durante muchos años, así que me respetó lo suficiente como para seguir mi consejo. La semana siguiente jugó su mejor partido. Ganó tres premios ese día. El primer premio fue por ganar la competición. El segundo premio fue por tener la mejor puntuación del día. Y el tercer premio fue por hacer un hoyo en uno. El premio total fue de 1.000 dólares.

El club de golf tenía un boletín mensual en el que apareció mi amigo Tom. No sólo publicaban los resultados de su notable juego, sino que también mencionaban que solía ser un alcohólico con muy mal carácter. Ahora contaban que había cambiado, que se había convertido en un buen cristiano y en una mejor persona. Él estaba extasiado, como poco.

Tienes que aprender a perdonarte y animarte a ti mismo o seguirás sin gustarte. O peor aún, ¡te odiarás a ti mismo!

Siempre nos criticamos a nosotros mismos cuando cometemos un error, pero ¿alguna vez te alabas cuando lo haces bien? Probablemente no lo hagas. Puede que te hayan dicho que eso sería un pecado de orgullo. Si estás presumiendo delante de otros, sería orgullo. Sin embargo, si estás solo y sólo te estás animando a ti mismo, eso sería sabiduría. Sentirse bien con uno mismo no es orgullo. En Samuel 30:6 se dice que el Rey David se animó a sí mismo en el Señor. Se motivó a sí mismo. Así es como se construye la confianza. Esta es una cualidad muy atractiva en cualquier persona. La gente se siente segura alrededor de alguien que muestra confianza en sí mismo.

Capítulo 8

AVANZAR EN LA VIDA POR LA FE

Él perdonará todas tus iniquidades... porque se deleita en la misericordia.
(Salmo 103:3) (Miqueas 7:18)

Una vez que sientas que has perdonado completamente a todo el mundo, incluso a ti mismo, y que has liberado a tu corazón de la amargura, toca avanzar con la fe. No sigas dándole vueltas a las cosas. Dar vueltas al perdón una y otra vez no es más que otra forma de autocondena. No caigas en esa trampa. Ten gracia en tu corazón hacia ti mismo. Una vez que has perdonado, está hecho. Si las cosas insignificantes siguen viniendo a la mente, sólo pronuncia un rápido "Yo perdono" o "Yo he perdonado". No necesitas desenterrar viejos recuerdos que no hacen más que echar leña al fuego. Sigue adelante con la vida. Tú mismo sabes que eres una buena persona. Es demasiado fácil quedar atrapado en el juego de la culpa. No lo hagas. Satanás tratará de arrastrar tus emociones hacia la culpa, pero Dios quiere que te sientas bien contigo mismo.

La Biblia está llena de enseñanzas que nos indican que Dios está enojado con el que condena a los justos. ¿Necesitamos recorrer el libro de los Salmos y los Proverbios para demostrarlo? No, tú sabes que eso es cierto. Búscalo si quieres, pero sabes que es verdad.

Entonces, si has pedido al Señor que te perdone por algo que has hecho o dicho, cree en 1 Juan 1:9 que dice: *"Si confiesas tus pecados, él es fiel y justo para perdonarte y limpiarte de toda maldad"*. Los no salvos no están *obligados* a confesar sus pecados para salvarse. Sólo tienen que creer que Dios resucitó a Jesús de entre los muertos y confesarlo como su Señor (Romanos 10:9-10). Este versículo es para los cristianos. En el momento en el que has confesado tu pecado, estarás limpio de *toda* injusticia. Por la sangre de Jesús ahora eres justo. Si todavía te estás condenando a ti mismo, entonces estás condenando a los justos y sabes cómo se siente Dios al respecto. No lo hagas más. Ten fe en el poder de la sangre de Jesús y en el hecho de que Dios ha dicho que no se acordará más de tus pecados e iniquidades. No sigas recordándole algo que Él quiere olvidar y ha olvidado. Avanza en la fe rechazando la condenación ya sea del diablo, de otras personas o de ti mismo. ¡La sangre nunca perderá su poder!

Cierta tristeza y depresión es una parte normal del duelo. Al fin y al cabo, tu vida se ha visto drásticamente alterada. Deja que las lágrimas fluyan. No hay que avergonzarse de ello.

La pérdida de cualquier ser querido nos deja un sentimiento de vacío, también la pérdida de una mascota. La vida puede perder su sentido momentáneamente. Los sentimientos suicidas pueden visitarnos. El dolor del duelo puede desencadenar estos pensamientos. No medites sobre ellos. Suicidarte no te permitirá reunirte con tu ser querido. No quieres enfrentarte al juicio con las manos manchadas de sangre, ni siquiera con tu propia sangre. No te dejes engañar por el diablo. Él sólo quiere destruirte. Él ve que eres débil emocionalmente en este momento y está tratando de tomar ventaja de la situación. No dejes que Satanás te haga eso. Resiste a él y lo vencerás.

Hay que tener fe y abrazarse a la esperanza del cielo. El reencuentro es inevitable. La muerte es solo un estado temporal. Nuestra esperanza está en lo que Jesucristo hizo por nosotros. La vida eterna es una realidad. El dolor del duelo, a pesar de la angustia, pasará con el tiempo. Puede tardar unas semanas, meses o incluso años, pero tu corazón al final sanará.

Cuando perdí a mi Buffy, el dolor del corazón era tan intenso que cogía una almohada y me la apretaba contra el pecho para intentar aliviarlo. Realmente no había nada que nadie pudiera decir o hacer para eliminar mi dolor. Sólo necesitaba que alguien me consolara escuchando mi pena.

Sólo quería saber que alguien se preocupaba por mí, como un niño pequeño que se ha magullado la rodilla y corre a pedirle consuelo a su mamá. Pero si estás solo y no puedes encontrar consuelo en los demás, puede que sientas que estás aislado del resto del mundo. En lugar de eso, habla con el Señor en voz alta sobre lo mucho que quieres y echas de menos a tu mascota. En primer lugar, Dios creó a tu mascota. Él también ama a su propia creación con todo su corazón. Él sabía que tú también amarías a estos animalitos. Por eso los creó en primer lugar, para dártelos, para que pudieras dar y recibir amor de tu mascota. Además, al final de este capítulo hay algunos números de teléfono de consejeros que te pueden ayudar si necesitas hablar con alguien sobre la pérdida de tu mascota.

El Señor sabe cuánto te duele que la muerte haya separado a tu querido amiguito de ti. Por eso Él también los ha redimido. Para poder devolvértelos por toda la eternidad. Todo lo que te importa en esta vida es muy importante para tu Padre celestial. Él se preocupa por ti más de lo que crees. Él incluso conoce el número de cabellos que tienes en tu cabeza. La Biblia dice que Él sabe hasta cuándo un gorrión cae al suelo. Si Dios se preocupa profundamente por el gorrión, cuánto más se preocupa por ti, su querido hijo. Jesús dijo que tú eres más valioso para Dios que muchos gorriones (Mateo 10:19-31). Él también ama a tu pequeña mascota, o gran mascota dependiendo de lo que tengas.

Recuerda que nuestro Padre celestial tuvo que ver cómo su propio Hijo era torturado y crucificado. Fueron separados por primera vez cuando Jesús descendió al corazón de la tierra. Es cierto, esa separación fue solo temporal, pero gracias a Dios, ahora sabes que la separación de tu amada mascota también es temporal.

Si sinceramente has hecho de Jesucristo el Señor de tu vida, entonces tienes la esperanza y la seguridad de una reunión eterna con tu mascota. Confío en que Buffy será mi compañera durante toda la eternidad. Nunca más la perderé. Esta debería ser tu esperanza también. Deja que ese sea tu enfoque de ahora en adelante y te ayudará a sanar el dolor. Sólo date un tiempo para sanar y adaptarte.

Ninguna mascota puede sustituir a la que has perdido, pero puedes dar tu amor a otro animal que lo necesite y que te querrá mucho a cambio.

Grande es la misericordia del Señor

Acabo de escuchar un testimonio en la televisión y tenía que añadirlo a este libro. La serie de televisión se llama "Los animales que me salvaron la vida". En ella un hombre quería suicidarse, así que fue al puente Golden Gate. De pie, en el borde del puente, los demonios seguían gritándole que saltara. Cansado y exasperado por los demonios interiores finalmente lo hizo. Ahora sabe que su cuerpo golpeó el agua a noventa y cinco millas por hora. Sintió que su espalda se rompía en tres partes. Al instante se llenó de arrepentimiento y clamó al Señor: "Dios, ojalá no hubiera saltado. Perdóname y sálvame". El Señor envió un león marino mientras él se hundía cada vez más. El león marino se sumergió y desde abajo lo empujó hacia la superficie. El animal siguió rodeándolo y golpeándolo para mantenerlo a flote hasta que llegó un barco de la Guardia Costera y lo rescató. Este hombre ni siquiera era cristiano. Sin embargo, Dios le mostró su misericordia.

¡Qué Dios tan impresionante, misericordioso y amoroso tenemos!

¿A quién llamas alce grande?

Ahí estás, pequeño bribón.

Capítulo 9

NO SIGAS CASTIGÁNDOTE

Una visita angelical

Yvonne era una querida señora de setenta y siete años que conocí en el otoño de 2005. Vivía en Michigan con sus dos perros. Tras la pérdida de Tabitha, su primera mascota, se hizo muy amiga de su otro perro, Daniel Grace, un whippet. En la primavera de 2005, Yvonne se encontraba en el hospital para ser operada de urgencia del colon.

Mientras estaba en el hospital, la amiga que le salvó la vida al convencerla de que fuera al hospital, se quedó a cargo de Daniel. Debía visitar la casa de Ivonne, darle de comer al perro y dejarle salir un rato. Trágicamente, el perro salió por la puerta principal cuando ella se marchaba. Yvonne vivía en una calle muy transitada. Tristemente Daniel fue atropellado por un coche y murió. Perdonar a esta amiga parecía una tarea imposible para la desconsolada Yvonne. Esta es la historia que compartió conmigo sobre una visita que tuvo mientras estaba en el hospital.

"Daniel, Daniel, Daniel, eso es todo lo que has estado hablando durante la noche. ¿Quién es Daniel?", preguntó la enfermera al entrar en la habitación de Yvonne. "Háblame de Daniel" le dijo.

"Daniel era mi perro y mi mejor amigo", fue la respuesta inmediata de Yvonne. Luego comenzó a compartir los detalles de la estrecha relación que tenía con su querido perro.

Yvonne no recordaba el nombre de la enfermera, así que la llamaremos simplemente Angelina. Ella llevaba una bata de enfermera muy colorida y brillante, que era diferente a la que llevaban las demás enfermeras. Luego se sentó en la cama, tomó a Yvonne de la mano y la reprendió con suavidad, pero con firmeza, por no perdonar a su amiga. "¡Volverás a estar con Daniel más tarde, pero Dios exige que perdones!", le dijo.

Una mujer de setenta y siete años no está acostumbrada a que la corrijan tan bruscamente, además, nunca le dijo nada a Angelina de que no pudiera o quisiera perdonar. "Sé que como cristiana debería perdonar", dijo Yvonne, "pero es tan difícil perdonar un error tan tonto". Angelina le dijo que no perdonar no era una opción e insistió: "Dios te ha perdonado todos tus errores y pecados, y te exige que muestres la misma misericordia con los demás cuando cometen un error".

Por difícil que pareciera, Yvonne sabía que Angelina tenía razón. Pasaron los siguientes minutos hablando entre ellas cuando otras dos enfermeras entraron en la habitación llevando medicinas para Yvonne y la señora que estaba en la cama de al lado.

Angelina se levantó, se despidió amablemente y se fue. Nada más salir de la habitación, Yvonne se dio cuenta de que quería agradecerle su amabilidad. Dirigiéndose a una de las enfermeras, le pidió que por favor alcanzara a Angelina y le pidiera que volviera un momento.

Sin embargo, Angelina no aparecía por ningún lado. Incluso con la inusual bata blanca con detalles rojos y azules que llevaba, nadie recordaba haberla visto. Cuando la otra enfermera terminó de administrar la medicación, se dirigió a Yvonne y le dijo: "Está bien, cariño, yo la encontraré. Consultaré con el personal y averiguaré dónde trabaja".

Poco después, la enfermera volvió a la habitación y dijo: "He llamado a personal y me han dicho que no tienen a nadie con esa descripción trabajando en este hospital".

"No os olvidéis de hospedar a los extraños, porque así algunos han hospedado a los ángeles sin saberlo". (Hebreos 13:2)

Una voz radiofónica

En la primavera de 2006, fui invitado a la emisora de radio cristiana WMUZ de Detroit. A los días de que el programa se emitiese, recibí este correo electrónico de una oyente. Voy a resumir su historia. Ella escribe:

Hola Sr. Callen,

Cuando te escuché en el programa de radio de Detroit, tuve que escribirte. Yo creía que nuestras mascotas nunca irían al cielo. Sin embargo, mis creencias sobre el tema cambiaron radicalmente hace dos semanas. Mi marido, había tenido una crisis de fe, se había quejado amargamente de que no tenía noticias de Dios. Eso cambió el día que tuvimos que despedirnos de nuestra gata de doce años, Halfer. Era la segunda gata que perdíamos por culpa del cáncer en cinco meses.

Yo había estado todo el día con Halfer y pidiéndole al Señor: "Dios, tienes que darme una señal. Tienes que hacerlo. Perder dos gatitos en cinco meses es demasiado. Por favor". He estado en ambos lados del debate sobre si nuestras mascotas van o no al cielo. Así que simplemente le rogaba a Dios que la cuidara, sólo quería saber que mi gata estaría bien.

A las 6:01 esperaba fuera del veterinario y supe que había pasado. Podía sentirlo. Mientras las lágrimas empezaban a rodar por mis mejillas, grité: "Halfer, vuela a los brazos de Jesús. Señor, cuida de ella, por favor. Todos tienen que estar contigo en el cielo". Unos minutos más tarde, mi marido Dave volvió al coche con lágrimas en los ojos. Al principio, cuando subió al coche, no podía hablar. Luego murmuró: "La tengo". Le dije: "¿Qué? ¿De qué estás hablando?" Dave contestó: "Le he oído decir: la tengo". "¿Qué quieres decir?" dije, pensé que se refería al técnico veterinario. Dave me miró y dijo: "No, Dios me lo dijo, me dijo: la tengo". Yo no lo creía, volví a preguntarle: "¿Qué? ¿Quieres decir que escuchaste una voz en tu cabeza?" Dave dijo: "No, lo escuché claramente. Dios dijo: ¡La tengo! ¿Esto es cuanto estabas esperando?" Entonces le pregunté: "¿A qué hora fue eso?" y me respondió: "alrededor de las seis".

Fue entonces cuando le conté a Dave las sensaciones que había tenido. Le comenté que había estado rezando todo el día y que necesitaba escuchar que Halfer estaría bien. Él me comentó que no había rezado, ni le había pedido nada a Dios, simplemente estaba pensando en nuestro gato y entonces fue cuando escuchó: "Me vino así, sin más. Lo escuché".

Que mi marido recibiera este mensaje, este regalo de Dios, tenía ahora más sentido para mí. Seguramente si yo hubiese tenido una experiencia parecida, él hubiese racionalizado la situación y no le hubiese dado mayor importancia. Dios se había comunicado con él para atraerlo nuevamente a su luz y para decirnos que Halfer nos está esperando en el cielo.

Una experiencia celestial

Estaba viendo la televisión y escuché que un hombre comentó que había estado en el cielo (puede que haya sido una experiencia cercana a la muerte, no estoy seguro). Mientras él estaba en el cielo vio algo saltando en la hierba alta al otro lado de un arroyo. Entonces, para su sorpresa, un perro saltó sobre el arroyo y se acercó a él. Era su labrador dorado que había muerto atropellado mientras perseguía a una ambulancia.

La parte más impactante de la historia fue cuando se dio cuenta de que podía leer la mente del perro. El perro le preguntó pensativo: "¿Dónde están *Barb y los niños?*" La respuesta del hombre fue: "*Esta vez estoy yo solo*". La respuesta del perro fue: "De acuerdo". Y entonces el perro se fue corriendo a jugar con un mono. Era otra de las mascotas que el hombre había tenido en el pasado y que había muerto. Ambos estaban jugando juntos, el mono iba montado en la espalda del labrador como un jinete.

Una carta de uno de mis lectores

Querido Dennis,

Muchas gracias por enviarme su libro "¿Las mascotas van al cielo?". Yo lo había leído hace un tiempo y me ayudó mucho tras tener que sacrificar a mi perro de más de 12 años.

¡¡¡Que me enviara el libro, justo en ese momento, fue un absoluto milagro!!! El mismo día, miércoles 22 de marzo de 2017, había regalado mi antiguo libro a un cliente. Se lo regalé a Marvin, y en ese momento no tenía ni idea de que usted me enviaría su libro. Mi cliente, Marvin, necesitaba desesperadamente su libro. Estaba pasando por un difícil momento ya que su esposa acababa de morir. Estaba tan lleno de culpa. Mientras le cortaba el pelo no dejaba de culparse por no haberla llevado al médico, por no darse cuenta de que estaba tan enferma. Decía: "La religiosa era ella, no yo. Entonces, ¿por qué Dios se la llevó a ella y no me llevó a mí?".

Sabía que Marvin era un amante de los animales y disfrutaba de la lectura. Así que sin dudarlo le ofrecí el libro, sabía que su lectura le ayudaría a recomponer su corazón roto. Marvin me prometió que lo iba a leer y me dijo que ahora tenía mucho tiempo por delante para hacerlo, así que sé que lo leyó.

Permítame que le diga: cualquier ser humano que lea este libro sabrá cómo llegar al cielo y reencontrarse con su mascota. Este libro es una gran guía para conocer a Jesucristo de Nazaret. Todo ser humano que lea su libro sabrá que está perdonado. Todo ser humano que lea su libro tendrá las claves para perdonarse a sí mismo y tener la bendita esperanza de volver a ver a sus mascotas y seres queridos. Gracias a este libro todos los cristianos querrán luchar por la vida aquí en la tierra, para dar guerra al diablo en el nombre de Jesús.

Imagínese ahora lo sorprendida y asombrada que me quedé cuando llegué a casa un par de horas después de haberle dado mi libro a Marvin, y después de pasear a mi perro, descubrí que su libro estaba en mi buzón. Me llegó al corazón y lloré. ¡Qué milagro! Poco después me entere de que el sábado 1 de abril de 2017, Marvin había fallecido. Nadie sabe aun lo que pasó. Supongo que murió el 28 de marzo de 2017.

Tengo el presentimiento de que el Espíritu Santo visitó Marvin y que está en el cielo gracias a su libro. ¡Dios utilizó la muerte de mi perro para que yo llegara a su libro y así poder trabajar para sanar mi corazón! En esos momentos ni siquiera quería vivir. Sentí que había asesinado a mi propia perra al sacrificarla en lugar de darle a Dios el tiempo suficiente para sanarla. Mi compañera fiel tenía un agresivo cáncer de pulmón. Y si no hubiera estado con el corazón roto por la muerte de mi perro, no me hubiera llevado mi primer ejemplar de su libro al trabajo. Por consiguiente, cuando Marvin llegó con el corazón roto, no habría tenido el libro en mis manos para dárselo y ayudarle a sanar también a él. Por cierto, Marvin me dijo que su mujer murió leyendo la biblia.

Entró a buscarla para ir a la iglesia y ella ya se había ido. Ella había estado bajo la manta con una linterna como un niño pequeño leyendo su Biblia.

Gracias, gracias, gracias querido Dennis. Que Dios os bendiga a usted y a su mujer.

Paula M. Matter
Romanos 8:28

Nota del autor: A pesar de sentir muy de cerca esta impresionante historia, no recuerdo haber enviado mi libro a esta lectora y los datos del envío no están en mis archivos.

Mis reflexiones finales

Rezo para que este libro haya ayudado a sanar tu corazón y a darte la esperanza necesaria para prepararte para un gran reencuentro con tu querida mascota en el futuro, cuando llegues al cielo.

El amor que recibimos de nuestra mascota es muy singular en el sentido de que su amor es el ejemplo más cercano que tenemos de un amor incondicional y se parece mucho al amor de nuestro Padre celestial.

La principal diferencia es que nuestras mascotas están lejos de ser perfectas, y aun así las amamos con todo nuestro corazón. Así es como te ama tu Padre celestial y así es como debes amarlo.

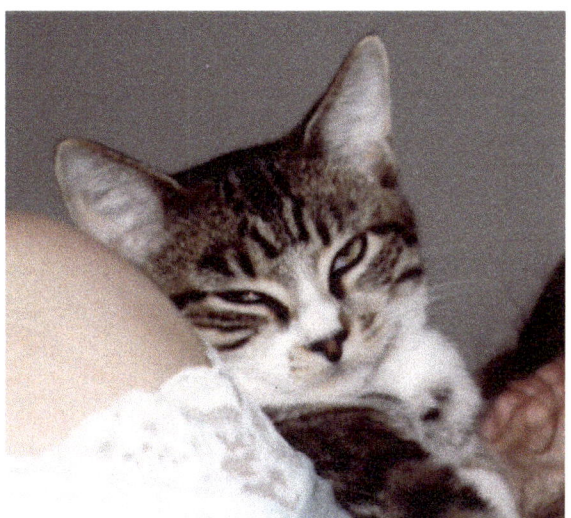

En memoria de Buffy
1985 - 1994

Capítulo 10

EN MEMORIA DE MI AMADO

_____,
[Nombre de su mascota]

HASTA QUE ESTEMOS JUNTOS DE NUEVO... ¡PARA SIEMPRE!

Preparativos finales y entierro

La organización del entierro de una mascota es parte de la responsabilidad que adquirimos cuando un animal entra en nuestras vidas. La mayoría de los veterinarios pueden ayudarnos con este asunto. Hay varias opciones disponibles. Sería más fácil pensar en estas opciones antes de que surja la necesidad. Sin duda, es mejor tomar estas decisiones en frío, cuando no se está bajo una intensa tensión emocional. Sin embargo, si tienes que tomar una decisión en el momento de la muerte de tu mascota, puedes retrasar la decisión momentáneamente y permitirte un tiempo para ordenar tus pensamientos. Esto minimizará la posibilidad de acciones apresuradas de las que te puedas arrepentir, generando sentimientos de culpa más adelante. Sin embargo, no debes alargar el proceso. Esto sólo podría aumentar tu dolor. Háblalo con un amigo de confianza, con tu pareja, tus padres o tu veterinario. Pero asegúrate de que la decisión final es tuya, y es realmente lo que deseas sin importar si alguien más está de acuerdo o no con tu decisión.

Desde un punto de vista espiritual, la cremación o el entierro no suponen ninguna diferencia. Hay una ley de la física que dice: "La materia no puede crearse ni destruirse". Los mismos átomos y moléculas que formaron los cuerpos de Adán y Eva siguen en la tierra. Todo lo que Dios tiene que hacer es llamar a estos elementos para juntar al espíritu y al cuerpo y así dar vida de nuevo. Así es como tendrá lugar la resurrección, y en ese momento nuestros nuevos cuerpos serán indestructibles. Nada se perderá. Así que no te sientas culpable por la cremación.

Puedes decidir enterrar a tu mascota tú mismo o en familia, en una ceremonia íntima para que puedan tener un bonito recuerdo. Algunos Estados permiten los entierros en los jardines de las viviendas, en las zonas rurales o suburbanas. Un entierro de una mascota en tu propia casa con un servicio solemne, en el que haya palabras de amor y una despedida podría ayudar al proceso de curación.

Otra alternativa es un cementerio de mascotas. Hay casi novecientos cementerios de mascotas en todo Estados Unidos. Puedes visitar alguno de ellos para hacerte una idea del ambiente y los servicios que ofrecen. Para más información, pregunta a tu veterinario de confianza.

También puedes buscar en las Páginas Amarillas bajo el epígrafe "Pet Cemeteries and Crematories", o consultar en Internet en www.pet-loss.net la localización por Estados. Puedes obtener información gratuita escribiendo al Director Ejecutivo de la Asociación Internacional de Cementerios de Mascotas y Crematorios, 750 US Highway 202, Suite 200, Bridgewater, NJ 08807, o llamar a esta asociación al (800) 952-5541, o bien enviar una carta por fax al (908) 450-1398 o enviar un correo electrónico a info@iaopc.com.

Sea cual sea tu decisión final, es bueno celebrar algún tipo de servicio conmemorativo o privado para hablar de los buenos momentos vividos junto a tu querida mascota. Esto te proporcionará a ti y a tu familia recuerdos agradables y cariñosos.

Aunque este ha sido un momento difícil, pasará. Ahora puedes superar este trance con una nueva esperanza en tu corazón. Camina con Dios, a través de la fe en el Señor Jesucristo, y un día nos encontraremos todos en el cielo. Entonces nada nos separará nunca más. ¡Tendremos a nuestras queridas mascotas para siempre!

¡Vaya! ¡Otro gatito lindo!

Espero que este libro te haya ayudado a sanar tu corazón roto. Sin embargo, si sientes que necesitas hablar con alguien para aliviar el dolor, hay grupos de apoyo en todo el país. Muchos de los colegios de veterinarios tienen consejeros especialmente formados para afrontar la pérdida de las mascotas. En las páginas siguientes se enumeran algunos de los grupos de apoyo.

Esta lista no es exhaustiva. Para consultar la correspondiente a tu País o Estado, busca en Internet y escribe en el campo de búsqueda "ayuda psicológica para el duelo por la muerte de una mascota", o llame a una de las que aparecen a continuación y que permitan llamadas desde cualquier Estado.

Arizona

Asociación de Animales de Compañía de Arizona
Línea de ayuda para el duelo de mascotas
(602) 995-5885

California

El Instituto de Recuperación del Dolor
Beverly Hills, California
(323) 852-0375

PetCloud
833 PET-1234

Disponible para cualquier persona en el país.

Se aceptan llamadas de lunes a viernes de 9:00 a 21:00 horas PST; de sábado a domingo de 12:00 a 20:00 horas PST. Si no hay respuesta, deje un mensaje y su llamada será devuelta al día siguiente en el horario indicado.

Fundación Morris Animal

Si usted está sufriendo dolor por la pérdida o la posible pérdida de su ser querido, por favor llame o envíe un mensaje de texto al 818 458-8106 o 818 458-8102

Llamar desde cualquier estado.

Colorado

Disponible en muchas ciudades. Demasiadas para enumerarlas. Busca en Internet líneas de ayuda para la pérdida de mascotas en: Colorado pet-loss o pet-loss.net

DC

La Línea de Consuelo para la Pérdida de Mascotas de PAL, de 9:00 a 17:00 horas de lunes a viernes. Se le remitirá a un consejero de PAL. Llame al (202)966-2171.

Florida

Línea telefónica nacional para la pérdida de mascotas Universidad de Tufts

(durante el curso escolar) (508) 839-7966 De lunes a viernes de 6:00 a 9:00 pm.

Fundación Morris Animal

Si está sufriendo por la pérdida o posible pérdida de su ser querido, llámenos o envíenos un mensaje de texto al 818 458-8106 o al 818 458-8102. Llame desde cualquier estado.

Illinois

Línea directa de C.A.R.E. para la pérdida de mascotas.

El consejero de duelo del Colegio de Medicina Veterinaria de Illinois. Las llamadas se atienden activamente los martes/jueves de 13:00 a 18:00 horas. Se pueden dejar mensajes y se devolverán normalmente en veinticuatro horas.

(217) 244-2273 o (877) 394-2273 (gratuito)

Asociación Médica Veterinaria de Chicago

Chicago, Illinois (630) 325-1600

Iowa
　　Universidad del Estado de Iowa. Facultad de Veterinaria. Ames, Iowa.
　　(888) 478-7574

Massachusetts
　　Universidad de Tufts. Facultad de Veterinaria Grafton, Massachusetts.
　　(508) 839-7966 De lunes a viernes de 18:00 a 21:00 horas.

Maryland
　　Regional de Virginia-Maryland. Facultad de Veterinaria. Martes/Jueves 6:00 a 9:00pm ET.
(540) 231-8038

Michigan
　　Universidad del Estado de Michigan. Facultad de Veterinaria. Lansing, Michigan.
　　(517) 432-5967
　　Addison's Place: Una Fundación para el Duelo de Mascotas
　　Llame entre las 7:00 y las 22:00 horas EST. (844) 423-3404

Minnesota
　　Centro de Educación sobre el Duelo. Métodos específicos para la pérdida de mascotas. Grupos de apoyo. Se reúne el segundo miércoles de cada mes de 17:00 a 18:00.
　　Rochester, Minnesota. (507) 285-1930

Universidad de Minnesota
　　Servicios sociales veterinarios de acompañamiento. Grupo de Amor, Pérdida y Conmemoración de Animales (CALLM). Paul, Minnesota
　　(612) 624-9372, Se reúnen el segundo y cuarto miércoles del mes de 6:30 a 8:00pm. Gratis. Llame para confirmar el horario antes de asistir.

Nueva Jersey
　　Pet Friends, Inc. (800) 404-PETS
　　Moorestown, Nueva Jersey (800) 404-7387
　　Fuera de Nueva Jersey (856) 234-4688
　　San Huberto. Madison, Nueva Jersey
　　(973) 377-7094. Durante el horario comercial

Nueva York

Centro médico para animales. Programa de apoyo a la pérdida de mascotas
Nueva York, Nueva York. (212) 838-8100

ASPCA

Nueva York, Nueva York
(212) 876-7700 ex. 4355

Red de Pérdida de Mascotas de la Región del Capitolio

Albany, Nueva York
(518) 783-1398

Universidad de Cornell

Ithaca, Nueva York. (607) 253-3932 de martes a jueves de 18:00 a 21:00 horas. En otros horarios, por favor deje un mensaje.

Ohio

Línea de ayuda para la pérdida de mascotas y el duelo de Lap of Love
(855) 352-5683.

Fundación Morris Animal

Si usted está en duelo por la pérdida o la pérdida potencial de su ser querido, por favor llame o envíe un mensaje de texto al 818 458-8106 o 818 458-8102
Llamar desde cualquier estado

Pennsylvania

Universidad de Pensilvania. Escuela de Medicina Veterinaria.
Filadelfia, Pensilvania. (215) 898-4545

Texas

SPCA de Texas, Dallas, Texas.
Todas las llamadas se devuelven en veinticuatro horas
(214) 461-5131

Virginia

Facultad de Veterinaria de Virginia-Maryland
Blacksburg, Virginia

(540) 231-8038

Washington

Universidad del Estado de Washington. Facultad de Veterinaria.
Línea directa para la pérdida de mascotas
Pullman, Washington
(507) 335-5704. Correo electrónico: plhl@vetmed.wsu.edu www.vetmed.wsu.edu/plhl

Wisconsin

El paso del arco iris Centro de apoyo y duelo por la pérdida de mascotas
Grafton, Wisconsin
(414) 376-0340
Correo electrónico: douglasc@execpc.com
No es necesario estar en el mismo estado que los consejeros para llamarlos.

LÍNEAS DIRECTAS INTERNACIONALES:

Canadá

Sociedad Humanitaria de Winnipeg
(204) 988-8804
Por favor, deje su nombre, número de teléfono y la mejor hora para llamarle. Los mensajes se comprueban a lo largo del día y se devuelven lo antes posible.

Gran Bretaña

Sociedad de Estudios sobre Animales de Compañía
0800 096-6606 De 8:30 a 20:30 todos los días (sólo en el Reino Unido, incluida Irlanda del Norte). Todas las llamadas son gratuitas desde un teléfono fijo. El apoyo lo prestan voluntarios formados.

No veo una astilla. ¿Qué estabas masticando de todos modos?

Hola chicos, adivinen qué. Acabamos de comprar un cachorro.

¿Fue realmente necesario todo esto?

Los amamos a todos, grandes o pequeños.

Basta de leer. Toca dormir la siesta.

Índice

Introducción ¿Los perros buenos van al cielo? 11

Capítulo 1 Una historia de amor, dolor yuna nueva esperanza 15

Capítulo 2 ¿Tienen los animales espíritu y alma? 37

Capítulo 3 Cómo se convirtieron los animales en criaturas caídas 41

Capítulo 4 La redención del hombre y de los animales 49

Capítulo 5 Puedes reunirte con tu mascota en el cielo (Aquí te mostramos cómo) 55

Capítulo 6 Ayudar a los niños a lidiar con la muerte 63

Capítulo 7 Culpa, ira y depresión 69

Capítulo 8 Avanzar en la vida por la fe 77

Capítulo 9 No sigas castigándote 83

Capítulo 10 En memoria de mi amada mascota 91

www.ingramcontent.com/pod-product-compliance
Lightning Source LLC
Chambersburg PA
CBHW061150070526
44584CB00034B/4475